どんな職場でも求められる人になるためにいますぐはじめる47のこと

藤井佐和子
Sawako Fujii

Discover

はじめに

「いまのキャリアでこの先やっていけるか不安です。転職したほうがいいんでしょうか？」

研修や講演、キャリアカウンセリングで、こんな相談を受けることが最近とても増えました。

私はまず、「そうだよね、不安だよね」と共感します。「女性活躍推進」という言葉は聞くものの実感はなく、自分自身の将来を考えると「このままでやっていけるだろうか」「食いっぱぐれないキャリアをつくりたい」と焦るのは当然のことだと思います。資格を取ろうとしたり、いろいろなセミナーを受講したりしている人もたくさんいます。

でも、不安と焦りから、自分とまわりの状況がよく見えていないのに闇雲に動いている方も多いように思います。

本書では、そんな「漠然とした不安」「何かしなきゃという焦り」を抱えている方に知っておいてほしいことを、これまでの私の経験からお伝えしていきます。

いまはキャリアカウンセラーとして独立し、多くの企業で講演や研修を行っていますが、私も若い頃はたくさんの失敗をしてきました。だから、決して上からではなく、そんな私自身の失敗体験も交えながら一緒に考えていければと思います。

＊＊＊

かつては、女性は結婚・出産したら退職し、専業主婦になるのが一般的でした。子育てをしながらフルタイムで働き続ける女性は、ごく少数のいわゆる「バリキャリ」と呼ばれる人々、もしくは公務員だけでした。

日本の女性の社会進出は世界的に見ても非常に遅れており、「男女格差指数」ランキングでは、世界149か国中110位です（世界経済フォーラム2018年より）。

ところが、この十数年で状況はがらりと変わりました。男性の年収が思うように上がらない状況から、専業主婦は狭き門となり、結婚しても出産しても働き続けることが一般的になりつつあります。また、非婚化が進み、「配偶者に頼る」という選択肢がない可能性があることを覚悟する必要もあります。人生100年時代、特に女性の寿命が延びると予測されている将来に備える必要性も出てきています。

一方で、「女性活躍推進」と政府に言われるまでもなく、多くの企業が女性に期待し、働きやすい環境も昔より整いつつあります。自己成長、自己実現のために、当然のように一生自分で働いていくと考えている女性も増えています。

でも、私たち女性の多くが「一生働く」というステージに上がったのは、まだごく最近のことです。だから、どうしても女性が男性ほどうまく働いていくことができず、長い目で自分のキャリアイメージを描けない人も多いのです。ビジネス慣習も女性を想定していないということも、弊害になっています。

このような背景から、一生働いていく、キャリアアップしていく女性のロールモデルがいないのは当然です。

女性ならではの結婚や出産、育児というライフイベントもあります（出産以外は本来男性も同じタスクのはずですが、一般的には女性の負担が多いようです）。

だから、いまあなたが不安なのは当然です。迷って焦って決断できないのも当たり前です。

大切なのは、自分なりの「軸」を持っていること。社会の状況やまわりの友人、知人の言動に振りまわされすぎないことです。

「○○さんは転職してうまくいっている」「××ちゃんが結婚して専業主婦に」という情報につい「私もそうしたほうがいいのかな」「うらやましい」と思ってしまいがちです。

でも、○○さんも××ちゃんも、当然ながら「あなた」ではありません。世間一般の「幸せ」とあなたの「幸せ」も、きっと違うはずです。

あなたが本当はどんな人生を歩んでいきたいのか、本書で一緒に考えていきましょう。それが、あなたらしい働き方をつくっていく第一歩になります。

＊＊＊

私がまず、あなたに知ってほしいのは、「企業が求めていること」です。それがわかれば、いまのあなたの「このままやっていけるのかな」が、ある程度解消されるはずです。

これらは、私が数々の企業研修を依頼された中から、抽出してまとめたものです。

1　素直で成長意欲がある
2　全体を見て仕事ができる
3　主体的に動ける

この3つは働く上で当然のことのように思いますが、できている人は実は少ないのです。

本書では、この3つの条件を身につけるために、5つのステップにそって、すぐに実行できる項目に落とし込みました。

働くって、たいへんです。迷ったり、不安になったり、イライラしたり。
でも、いまを一生懸命悩みながらがんばっているあなたなら大丈夫です。
「あんなことで悩んでたなぁ」なんて、笑い話になります。
「あのときがんばったから、いまがあるんだなぁ」なんて、なつかしく誇らしく思います。

あなたが仕事に対する不安から解放され、自分らしい人生を見つけられることを心から祈ってやみません。

資格がなくても、専門スキルがなくても

「どんな職場でも求められる人」の条件

1

素直で
成長意欲がある

- 目の前の仕事がしっかりできる
- 感情をコントロールできる
- 時間管理ができる

2

全体を見て仕事ができる

- できないときはヘルプが出せる
- 自分のことだけでなく部署全体、会社全体を考えた行動ができる

3

主体的に動ける

- 自分のライフプランを持っている
- 情報収集している

もくじ

はじめに …… 002
「どんな職場でも求められる人」の条件 …… 008

STEP 1

どんな会社でどう働きたいのか明確にする

01 仮でいいから目標を設定してみる …… 020
02 ロールモデルは3つのタイプから決める …… 024
03 ライフステージに合わせてしなやかに人生を楽しむ …… 028

04 情けは人のためならず。まずは自分が産休・育休をサポートする……032
05 みんなと一緒でないことを怖がらない……036
06 やりたい仕事は、言えば言うほど実現しやすい……040
07 社外のセミナーで出会いをつくる……046
08 選択するときは、自分の心に素直になる……050
COLUMN 01 「私だけの特別な夜」の過ごし方……056

STEP 2

自分のいまの状況を客観的に知る

09 自信のない人こそ、転職サイトに登録してみる……062
10 資格より、目の前の仕事で成果を出す……066
11 いままでの仕事を振り返って、「強み」と「実績」を見つける……068
12 成果は「客観的な事実」に昇華してこそ武器になる……072

13 会社から期待されている役割を知って、「正しい努力」をする …… 074
14 自分の得意なことで会社に貢献する …… 078
15 ひとりでがんばらず、「チームにいなくてはならない人」になる …… 082
16 居場所がほしくて、ついやってしまう「巣づくり症候群」に要注意 …… 086
17 不公平に扱われても気にしない …… 092
COLUMN 02 チャンスをつかむオフィスファッション …… 096

STEP 3

目の前の仕事で実績をつくる

18 1日のシミュレーションは、前日に行う …… 102
19 定時より少し早く出社して、気持ちよく朝をスタートする …… 106
20 時間の余裕は、心の余裕。10分前行動を基本にする …… 108
21 なんとなく後回しにしてしまう「モヤモヤ仕事」をスッキリさせる …… 112

22 慣れている仕事こそ、丁寧にやる …… 114
23 「結論から言う」を徹底して、論理派上司と渡り合う …… 118
24 ときには要領のいい「愛され部下」を演じてみる …… 124
25 できる人は基本を忘れない。途中経過は必ずホウレンソウする …… 130
26 チームメンバーに上手に手伝ってもらう …… 134
27 すべてを完ぺきにやろうと思わない …… 136
28 「なんで私が？」押し付けられた仕事でも評価を上げる …… 140
COLUMN 03 「仕事に効く！」おすすめ書籍 …… 144

STEP 4

自分の可能性を拡げておく

29 常に工夫と改善をすることが、仕事を楽しくする …… 150
30 「仕事がつまらない」と思ったら、動く …… 152

31 自分の仕事のゴールや役割を理解した提案をする……156
32 改善案や企画のアイデアは人に話して味方をつくる……160
33 「未経験だけど任せてみよう」と思われる人になる……162
34 あなたの可能性は未知数。怖がらずにとにかくやってみる……164
35 常にアウトプットする……168
COLUMN 04 気持ちのいい朝の始め方……170

STEP 5

自分の感情をコントロールする

36 自分を過小評価せず、認めてあげる……176
37 「感情手帳」で、自分のモチベーションを上げるツボを知る……180
38 「魔法のポジティブワード」で自分もまわりもハッピーにする……184
39 なぜか人が集まる「いつも機嫌のいい人」になる……188

40 「ありがとう」と言われなくても落ち込まない …… 192
41 「言わなくてもわかってくれる」「察してくれる」と思わない …… 196
42 悩むときはとことん悩む …… 200
43 オンとオフの気持ちの切り替えをする …… 206
44 叱られ上手は成長する …… 212
45 失敗談の魔法で心を開いてもらう …… 218
46 相手を受け入れる「聞き上手」になる …… 222
47 嫌いな人を無理に好きにならない …… 224
おわりに …… 228

本書は2013年に小社より刊行された
『「あなたにはずっといてほしい」と会社で言われるために、
いますぐはじめる45のこと』を改訂・新装したものです。

STEP

1

どんな会社で
どう働きたいのか
明確にする

BEFORE

私、このままで
いいのかな……？
不安や不満はあるけど、
なんとなくいまの仕事を
続けてしまっている。

AFTER

仮でも目標を設定。

そうしたら
「何をすべきか」

「やりたいことは何か」

が見えてきた！

01

仮でいいから目標を設定してみる

「このままでいいのかな」「でもどうしたらいいのかわからない」という不安の多くは、ビジョンやキャリアプランがないことが原因です。

研修や講演でも、「3年後に向けたアクションプランを立てる」という課題を出すと、頭を抱えている人をたくさんお見かけします。「特にやりたいことがない」「3年後もいまの会社にいるかわからない」「異動になるかもしれない」「結婚や出産のタイミング次第かな」などなど。いきなり3年後と言われても難しいですよね。

スタンフォード大学のクルンボルツ博士が提唱している「プランド・ハップンスタ

ンス理論（計画的偶発性理論）」によると、私たちのキャリアの80％は偶然のでき事でつくりあげられているそうです。たしかに、思わぬ異動でまったく初めての仕事をやってみたら、自分に合っていたとか、育児休暇中に始めた趣味の副業が天職だったという話もよく聞きます。だから、いまの時点ですぐに将来のキャリアが思い浮かばなくても、まったく心配しないでください。

でも、何もないと不安と焦りが大きくなるばかり。だから、私がおすすめしているのは、「仮でいいから目標を設定してみる」ことです。

3年後でも5年後でも10年後でもいいのですが、こんなことを考えてみます。

- **どんな家に住んでいたい？**
- **結婚はどうする？　子どもはどうする？　どんな教育を受けさせる？**
- **その目標をかなえるなら、どんな仕事？　収入は？　働き方は？**
- **会社でどんな存在でいたい？　どんな評価をされたい？**

仕事でどんなことを達成したい？

などなど……。

もし3年後が難しければ、1年後でもかまいません。「結婚・子ども」なんて思い浮かばなければ、たんに「もう少しお給料を上げて引っ越しする」でも、何でも大丈夫。目標を立てたら、行動に落とし込みます。「3年後に結婚する」なら、「毎月3人は新しい人に会う」「いい人いませんか？　とまわりに聞いてみる」とか、「やりたい仕事に就く」なら、「転職サイトに登録する」「部署異動を申請する」など。

ポイントは、「目標は仮でいい」というところ。決めたら絶対にそうしなければ、と固く考えているとなかなか決められません。いまの気分で気軽に決めます。

その設定は状況や自分の気持ちによって変わるのは当然です。期間を決めて見直すことこそ大切なのです。できれば、1年、半年ごとに見直してみましょう。そのたびに行動をチェックすることも大事です。「毎月3人新しい人に会う」が実行できていなければ、なぜやらなかったのか？　冷静に考えてみましょう。ゴールが間違っていたのか？　やらなかったからこその課題とは？

仮の目標なので、絶対に守らなければならないことはありません。行動が続かなかったら、目標を変更してもいいのです。目標がないと動けません。仮でいいからとにかく設定すると、自己管理ができ、だんだん自分がわかってきます。

実は目標を立てるのは訓練でできるようになります。できるだけ早めにそのクセをつけておくのがおすすめ。会社に入れば定年まで安泰、定年退職すれば年金で安心、という時代ではなくなったからこそ、自分で目標設定する力が必要なのです。

POINT

とにかく動くことが大切。
そのために目標を設定してみよう。

02

ロールモデルは3つのタイプから決める

「ロールモデルがいないから、キャリアのイメージが描けない」

これも、女性たちからよく聞く言葉です。

たしかに少ない。それは、つい最近まで専業主婦かバリキャリに二極化されていたからです。結婚も育児もしながら一生働くというモデルは見つかりづらいでしょう。

そんなとき、私は「次の3つのタイプであなたはどれ？」というお話をします。

❶**キャリアチェンジ型（ジョブローテーション）**

❷**昇進型（マネジメントタイプ）**

❸深掘り型（スペシャリスト）

どれを目指したいか聞くと、女性の多くは❸の深掘り型と答えます。「手に職」的なイメージで、専門性を身につけてスペシャリストになればどこにいっても安定してやっていけると考えるからです。でも、本当にスペシャリストになりたいなら、かなり勉強が必要です。さらに、専門領域が陳腐化したときキャリアチェンジできないというリスクがありますから、継続的な勉強も不可欠です。自分はそれが得意なタイプかどうか、よく考えましょう。

目指すキャリアではなく、実際のところを聞くと、❶のキャリアチェンジ型の人が多いようです。そして、「専門がない」と悩みがちなのも、このタイプ。いろいろできるけれど、社内でしか通用しないのではないかと不安になるようです。

でも、実はさまざまな仕事を経験することでオンリーワンの人材になることができるのです。❶はひとつの職種（部署）であれこれ経験を積むだけでなく、専門性の異なる部署を異なる力でわたり歩きながらキャリアを積む方法です。

異動してさまざまな経験や知識をもっているということは、それだけ汎用性が高いということ。実は転職市場でも、よほど専門性が高くない限り、「○○しかできません」より「あれこれできます」という人のほうが価値は高いのです。たとえば、人事の採用のみを一筋10年という人より、人事も営業も経理も経験している人のほうが視野が広く、魅力的な人材だと感じる企業もあるものです。新しいことが好きな人やアクティブな人、飽きっぽい人も、このキャリアチェンジ型が向いているでしょう。

最後に、❷の昇進型の人。昇進を目指す女性は少数です。

でも、実は❷のキャリアをおすすめしたい方がいます。それは、「もっとこうすればうまくいくのに」「上司が○○だからできない」と、職場に不満を感じている人。

あなたが上司になって、やりたいことをやればいいんです。権限があれば、自分で課題を解決できますし、会社も大歓迎なはずです。

働く女性が一般的になったとはいえ、やはり「昇進したくない」という女性はまだたくさんいます。気持ちはわかります。責任をとらされたくない、それほど忙しくしたくない。やっていけるか自信がない。職場の管理職の働き方にあこがれない。

でも実は、権限が大きくなると働きやすくなるのです。自分の裁量で仕事量や時間を調整できることも増えますし、何より情報が入ってきやすくなるので、会社の状況や意向を把握でき、自分も動きやすくなります。

いま窮屈に感じている人は、入っている箱が小さすぎるのかもしれません。不満ばかり言うのではなく、箱を拡げる方向で考えてみましょう。不平を言うなら、自分でやってみる。きっとちがった景色が見えてくるはずです。

POINT

自分の性格を把握して
キャリアの方向を決めてみよう。

03

ライフステージに合わせてしなやかに人生を楽しむ

理想のライフプランがなんとなく想像できたでしょうか?

かつては、女性は結婚・出産したら退職するのが「ふつう」でした。そのため、まだまだ産休・育休の制度やサポートなど整っていない面もありますが、女性が働き続けられる社会にはなってきました。

出産や子育ては、たしかにキャリアのブランクになります。でも、そのおかげで、男性に比べてしなやかに仕事とつき合うこともできるのです。

先日、58歳のある女性にお話をうかがう機会がありました。

30代で結婚・出産し、職場復帰。幸いご実家が近いこともあり、仕事で遅くなるときは、ご両親にお子さんをあずけて仕事を続けてきたそうです。そうこうするうちに、お子さんは無事成人。いまは、ご両親の介護に時間を費やしているそうです。

この方の場合、出産するまでは思い切り働き、その後はある程度セーブしつつも働き続け、子育てを終えたいまは管理職になり、介護と両立しながら活躍しています。

さあ、あなたも年齢や体力に合わせて、しなやかに仕事とつき合うシミュレーションをしてみましょう。

20代〜30代前半

まだまだ体力があり、多少の無理はできる年代。いろいろなことにチャレンジし、できることや興味の引き出しを増やしておきましょう。可能性がたくさんある分、自分のキャリアや人生について悩むのもこの時期です。

30代後半〜40代

いままでやってきた実績が、いよいよ形になり、大事な仕事を任されるようになります。一方で、体力的には、以前に比べると疲れやすくなったり、疲れが抜けにくくなったりします。もう若い頃のように、がむしゃらな体力勝負は難しい状況です。経験を活かし、知恵を使いましょう。

40代後半〜

社内ネットワークを活用した調整役と、後輩や部下のマネジメントや指導、サポートが求められます。

この年代は、更年期障害ともつき合いながら職務をこなす必要があります。先ほどご紹介した女性も、ついイライラしてしまうのを避けるために、仕事のオンとオフは意識的に区別しているそうです。

これは、あくまでもモデルケースで、人生は本当に人それぞれ。特に女性はいつ出産するかによって大きく変わってきます。

20代で出産して、40代後半には、子育てが落ち着いてまたバリバリ働く人もいます。30代までキャリアを重ねて、40歳前後で出産する人もいます。子どもを産まない人もいます。

気持ちの変化、体力の変化、ライフステージの変化、職場での期待の変化を見ながら、仕事とのつき合い方を変えていく。

これが長く働き続けるための秘訣です。

POINT

自分の体や心とうまくつき合っていきましょう。
ライフプランをつくり、
自分の人生を長期的に想像してみましょう。

04

情けは人のためならず。まずは自分が産休・育休をサポートする

仕事を続ける中で、産休・育休をどうするかは悩みどころです。
ご相談で多いのは、産みたいと思っているのに躊躇している人です。

- **仕事が乗っているときなので、産休・育休でブランクをつくるのが怖い**
- **残業や休日出勤もあるので、育児と両立できるか不安**
- **大事なプロジェクトの途中なので、まわりに迷惑をかけるのが心苦しい**

……などなど。

産休・育休は、当然ブランクになります。その間、あなたのまわりはキャリアを積

み続けているのです。産むという選択をしたら、まわりよりも少し後ろ倒しになることを受け入れましょう。

産みたいと思ったら自分の心に素直になってください。「あのとき仕事を休めなくて子どもを産めなかった……」と後悔しても、だれも責任を取ってくれません。

出産をためらう大きな理由に、復帰後の育児と仕事の両立があります。

まず、時間的に制限がかかります。それまではフルに仕事に費やせた時間を子育てに割くことになります。

また、「両立」と言っても、人それぞれペースが違います。

たとえば、実家が近くて親にサポートしてもらえる人もいれば、金銭的に余裕があって家事サポートサービスをお願いできる人もいるし、そうでない人もいます。まずは、自分の状況の中で、どのような両立ができるのかを考えてみましょう。

そして、会社というのはチームです。フルに働けないときは、チームメンバーにサポートしてもらいましょう。

なかには、周囲に頼ることを申し訳ないと思い過ぎる人もいます。時間内に終わらないので自宅に持ち帰ったり、ひとりでどうにかしようと思って残業が多くなったり……。その結果、仕事を辞めることにした人もいます。

申し訳ないという気持ちはよくわかるのですが、子育てだけでなく、介護の問題を抱えた社員も今後ますます増えていくと予想されます。そんな状況の中、お互いが遠慮し合っていては、仕事が進みません。


社内でサポートを受けやすい人と受けづらい人を比較してみると、産前の行動に差が見られました。産前、つまり自分が身軽なとき、積極的に周囲の力になるような協力をすすんでしていた人は、サポートが受けやすかったのです。

また、常日頃から「これ、私がやっておくよ」とか「これは手伝ってもらっていい？」など、協力し合える関係性が築けている会社は、家庭の事情で時間短縮で働くスタッフが出ても、うまくまわっているようなのです。

人生、何があるかわかりません。子どもをつくるつもりはなかったのに、妊娠することもありますし、結婚するつもりがしなかった、ということもあります。急に親の介護でフルに働けなくなることもあります。

情けは人のためならず。

あなたが気持ちよくサポートしてあげたことは、必ずあなたに返ってきます。お互いが協力し合えるサポート体制を築いておきましょう。

POINT

産休・育休だけにこだわらず、ふだんから気軽にサポートし合えるチームをつくりましょう。

05

みんなと一緒でないことを怖がらない

社会に出てから私がとても悩んだことは、周囲から「藤井さんって、変わってるよね」と言われることでした。

いまは、むしろほめ言葉だと受け取っていますが、働き始めた頃は、「変わっている」と言われるのがイヤで、「周囲に合わせなくちゃいけない」とか、「出る杭にならないようにしよう」とか、やたらと気をつけていました。

20代半ば、私は派遣社員として短期の仕事をしていたのですが、あるとき、正社員にならないか、と会社から言われました。派遣社員は私のほかに20名ほどいたのですが、そのとき声をかけてもらったのは、私だけ。

当然、周囲の派遣社員はブーイングです。なぜ彼女だけなのか、と会社に直訴していた人もいました。

のちのち、なぜ正社員にと声をかけてくれたのかを担当者に聞いてみると、「プラスアルファの仕事をやってくれたから」と言われました。

実は、私は暇が大嫌いな貧乏性。当時の職場は、それほど仕事がなく暇な時間も多かったので、やることがないときは、本を読んだり、おしゃべりしてもよい、と会社から言われていました。でも、私はどうしてもその時間がもったいないと感じ、何か工夫できないかと勝手に考えていたのです。

そのとき、同じ派遣社員の人に、「あなたががんばると私たちが困るから」と言われたのを覚えています。

それ以降、なるべく目立たないように、と気をつけるようになったのですが、あるとき突然、そんなふうに気を遣っているのが馬鹿らしくなってしまいました。

私は何のためにみんなと一緒になろうとしているのか。そんなことで自分らしさをなくしてしまうのが、果たしてハッピーなのか。

そのときから、「変わっている」と言われても気にならなくなりました。

研修やキャリアカウンセリングでも、同じようなご相談をいただきます。

「女性の先輩の目が怖くて、本当は職種を転換したくても、言えないんです。手挙げ制の研修も行きたいって上司にお願いしたいんですが、これも怖くて言えません。意欲が高いことが彼女たちに知られると、標的にされるんです」

集団の中でうまくやっていく。これも大事なことです。でも、やりたいことがあるのに、周囲の目を気にして我慢するのは、本当にもったいないです。

「この人たちとうまくやっていくことが、本当に自分にとって幸せなのか」

これを自分に聞いてみてください。他人に遠慮してスキルアップできなくても、業績を上げられなくても、そしてその結果、やりたい仕事ができなくても、誰のせいにもできません。あなたの責任です。

みんなと一緒ではないことを怖がらず、一歩前に踏み出してみてください。意欲の高い人の足をひっぱるような集団を抜けると、急に違う世界が開けてきます。

そこには、いままでの集団とは違う、あなたと同じ意識の人たちが待っています。すると、いままで我慢していたことがバカらしく見えてきます。

一歩、勇気をもって進むと、誰かがあなたの手を引っぱってくれます。怖がらないでチャレンジしましょう。

POINT

何のために、その人と仲良くしているのですか？
一歩踏み出してみましょう。

06

やりたい仕事は、言えば言うほど実現しやすい

「本当は人事の仕事がやりたいのですが、この会社では難しそうなんです。いまの業務を続けるのはイヤなので、転職したほうがいいと思うのですが……」

キャリアカウンセリングには、さまざまな悩みを持った方がいらっしゃいます。その中で、「会社を辞める」を前提に相談に来る方は6割くらいです。彼女たちの多くは、いまの仕事や部署を続けるか、転職するかの二択で考えています。

これは、とても視野が狭くなっている状態だと思います。

ある程度の規模の会社であれば、部署を異動するといった選択肢もあるはずなのに、

「いまの仕事ではできない→転職するしかない」という思考回路になり、自分を追いつめてしまっているのです。

そんなとき、まずは、いまの会社で部署を異動したり職種を転換することによって、やりたい仕事ができないかどうか考えるようにアドバイスします。

ただ、会社によっては、他部署に異動したくても、希望がかなえられないこともあるので、その場合は転職も視野に入れましょう。

なかには、「〇〇の仕事がしたい」と思っているだけで、上司に希望を言うことすらしていない人もいます。「言っても無理だと思うから」「前例がないから」「なんとなくわかってくれているはず」……。

自信がなくて言いにくい気持ちはわかりますが、口に出しもしないのに希望が通るわけがないですよね。

以前、こんな方がいらっしゃいました。

Aさんは営業部所属。

でも、どうしても人事の仕事がしたくて、自分の上司に相談したのですが、すぐに却下されてしまいました。他部署から人事部への異動は過去に前例がないことが理由でした。

あるとき、会社主催の部署間交流会に出席したところ、人事課長と話す機会がありました。

Aさんは、思い切って「人事部で働くにはどうしたらいいか」を相談してみたところ、人事の仕事がしたい理由などを聞かれました。

しかし、結局、「人事部にはスタッフの空きがないので、残念ながら……」と話は終わったのです。

とにかく口に出すこと。自分の意識も変わってきます。

Aさんはがっかりしつつも、営業の仕事にはげむ日々に戻りました。

その後、人事課長とは、社内ですれ違ったり、会社の近くの定食屋さんでばったり顔を合わせたり、少しずつ会話も増えていきました。


そんなあるとき、人事課長からメールが届きます。「一度、時間を取って話をしよう」と。

お昼休みの短い時間でしたが、会議室に呼ばれ、人事部に空きが出ると聞かされました。

そこには、人事部長も同席し、

「正式な話ではないが、もし本当にやる気があるなら、これから社内公募をしようと思っているからエントリーするように」と伝えられたのです。この社内公募は、自分の直属の上司を通さず、直接応募できるものです。

そして、人事課長と初めて話した部署間交流会から1年後、「無理」と上司に却下されていたAさんの異動がかなったのです。

Aさんいわく、「やりたいことや希望は、まわりに言うことが大事」だそうです。

さらに、この話からもわかるのは、「社内人脈の大切さ」です。

いつもランチにいく隣の席の同僚も大切ですが、仕事やキャリアの相談ができる他部署の同期などは、思わぬアドバイスをくれるものです。

また、もし自分が異動したい部署の人と仲良くなれれば、実際どんな仕事をしているのか教えてもらうことができますし、うまくいけば上司に紹介してもらえるかもしれません。
社内研修や部署をまたいだサークルなどがあるときは、そんなことを意識して、交流してみてはどうでしょう。

POINT

選択肢は転職だけではありません。
やりたい仕事があれば、とにかく
口に出すところから始めましょう！

07

社外のセミナーで出会いをつくる

前項では、やりたい仕事を社内でアピールすることを紹介しましたが、こんな声も聞こえてきそうです。

- **小さな会社だから、部署も何もない**
- **うちの会社にはロールモデルがいない**
- **仲良くなりたい人や尊敬できる人がいない**

後の2つは、ちょっとネガティブモードですね。でも、大丈夫です。そんなときは思い切って社外に出てみましょう。

私は、女性が個人的に申し込んで参加するセミナーを定期的に主催しています。また、女性向けのイベントや講演に呼んでいただき登壇させてもらうこともあります。

「最初、社外のセミナーに自分から参加するのは緊張しました。でも、参加すると、社内では知り合えないおもしろい人と出会えたり、新しい考え方に触れたりすることができて、またがんばろうって思えるんです」

参加者にお話を聞くと、こんな声がたくさん集まります。

そうなんです。内容ももちろん勉強になると思いますが、いちばんのおすすめポイントは参加者同士で知り合いになれることです。

そこには、プライベートの時間を使って、未来の自分のために投資をする人が集まっているのです。

私が講師をさせていただく企業研修でも、「希望者が参加する研修」と「全員強制参加の研修」では、圧倒的に前者のほうが意欲的な人が多いのです。

同じ内容のセミナーでも、そのクオリティは参加者によってまったく異なります。話している内容は同じなのに、すごく盛り上がる回があったりして、講師の立場から見ると、「参加者同士の相乗効果ってすごい！」と毎回感じています。

参加者の中には、「モチベーションがどうしても自分では上げられなくて、セミナーで上げてもらいに来ました！」と言う方もいます。そんな方は、終了後には、開始前とは見違えるように元気で前向きで、素敵な女性になっています。

特にグループワークでまわりの席の人と話をすることが効果的なようです。しゃべっているうちに、自分の問題やモヤモヤが整理されてスッキリ。会社や自分の部署では言えないことも、社外なら利害関係がないので、率直に話すことができます。

さらに、周囲からもまったく新しい視点でヒントがもらえます。そして、他の人の話も聞くうちに、いつのまにか自分で設定していた天井が外れ、「明日からまたがんばってみよう」という気持ちに変わっているのです。

転職のスキルアップのために参加したのに、みんなの話を聞くうちに、自分の会社のいいところを改めて見つけたり、まだいまの職場でやれることがあると思い直す方も多いようです。

いつもの環境で考えたり行動したりしていても、新しい気づきは、なかなか得られないものです。

違う業界、職場、働き方で活躍している、外部の人に定期的に会う機会をつくりましょう。きっと、素敵な出会いがあなたを待っています。

POINT

いつもとは違った環境、違った人と会って、定期的に刺激を受けましょう。

08

選択するときは、自分の心に素直になる

何かを選択しなければならないとき、あなたはどうやって決めますか？

その選択によるメリット・デメリットをしっかり分析している人ほど陥りやすい落とし穴。

それは、つい頭だけで考えてしまうという点です。

何かを選ぶとき、最も大事なのは、自分の気持ちです。損得だけで考えると、無理が出るのが人間なのです。

- 転職すべきか、もう少しいまの部署でがんばるべきか
- 仕事を辞めて夫の転勤についていくべきか
- 資格のスクールに通うために仕事を辞めるべきか、夜間でがんばるべきか

人生は、日々選択の連続ですよね。

キャリアカウンセリングでも、さまざまな選択に迷う人がたくさんいます。「転職しようと思うのですが、それが正しいかどうか、一緒に考えてほしいんです」と言う方もいます。

さらに、「藤井さんに選んでいただいたほうに進みます！　プロの意見がいちばん大事ですから」と言う方も！　考え過ぎて、どうしたらいいか本当にわからなくなってしまったんですね。

相談された私としては、さまざまな予測を立てて、どの選択をするのが賢いかは一緒に考えますが、「こうしなさい」とは言えません。

本当に大事なことは、その人自身の気持ちだからです。

「あなたは、本当はどっちを選びたいと思っているの？」と投げかけてみると……。

「本当はAのほうが楽しそうだなって思うんです。でも、いままでの経験とか将来のこととかいろいろ考えると、Bを選んだほうが無難かな、と思っちゃうんです」

ここで彼女が迷っているのは、ちょっとチャレンジングなAと、堅実なB。

Bには「安心」があります。Aにはその反対の「不安」が入っています。でも、どうやらAには、楽しいなどの「ワクワク感」も入っているようです。

実は私も自分がキャリアカウンセラーとして起業するとき、非常に悩みました。起業したい気持ちはあるものの、どうしてもリスクが見えてきます。

どんなことが待ち受けているのか、その困難はどんなものなのかわからない。うまくいくかもしれないけど、失敗する可能性だって同じくらいある……。こんなことをぐるぐる頭の中で考えていました。

しかし、落ち着いて自分の気持ちを素直に聞いてみると、「チャレンジしてみたい」という声が……。

そして、いざ起業してみて気づきました。

どんなにたいへんでも、自分が「やりたい！」と思って選んだ道は、がんばれるんだということです。

キャリアカウンセリングの事後報告として、「あのとき、自分の気持ちを優先して、選択して本当によかったです。ありがとうございました」とお礼を言ってくださる方もいます。

私は背中を押しただけなのですが、こういうご報告は本当にうれしいです。

いま、私はチャレンジングなAを選択した場合のお話をしましたが、もちろん、堅実なBを選ぶのもいいんです。

素直に考えてみたら、やっぱり自分は安心できる環境のほうがいいという結論も、大アリです。

大切なのは、自分の気持ちに素直になって「自分で選ぶ」ことです。

損得で考えて選んだものは、少しでもお得感が薄れると、行動が伴わなくなりますが、気持ちで選んだものはもっと強いのです。

選択の結果がどうなるか、誰にもわかりません。

確実なことなどありません。

どれを選んだら「正解」か。それは、あなたが決めることです。

まわりからは大成功に見えても、本人にとってはあまりハッピーではないということもあります。

たとえ失敗しても、やってみてよかったと思うためにも、迷ったときは自分の気持ちに素直に選んでみましょう。

POINT

どちらを選んでも、きっと正解です。心の声に素直に従いましょう。

COLUMN 01

「私だけの特別な夜」の過ごし方

締め切りや日々の仕事に追われて余裕のない毎日。心身ともにいつのまにか緊張してしまっています。

週に1回、すべてをリセットして、ひとりで思い切り贅沢でリラックスできる空間をつくってみましょう。子育て中の人も、家族に見ていてもらえるようであれば、たまには自分へのご褒美タイムをつくってください。

キャンドルのあかりで食事を

ひとり暮らしなら、ふだんは1品で済ませてしまう食事。でも、この日は自分のために料理してみましょう。テーブルマットを敷いて、食器をそろえる。サラダ、メインディッシュ、デザートを準備してみましょう。お酒の飲める方は、ワインを用意して。好きな音楽とキャンドルのあかりをお供に、ゆっくりと味わってみましょう。

- キャンドル（高いものでなくて大丈夫。私はもらいものや、IKEAの200円くらいのものを使っています）
- お料理（自分の好きな食材で、簡単だけどちょっと贅沢なものをつくりましょう。ルクルーゼを使った煮込み料理もおすすめです）

お風呂でリフレッシュ

食事が済んだら、ゆっくりとお風呂につかりましょう。入浴剤を入れたり、キャンドルを灯したりして、リラックスして楽しみます。

- 入浴剤（ドイツのクナイプ社のものがおすすめ。私は4種類くらい常備して、気分によって

選んでいます）

・ボディソープ（牛乳石けん、ロクシタン、SABONなど4種類を、これも気分に合わせて使います）

・バスローブ（あまり使っている人はいないかもしれませんが、とてもおすすめです。入浴後20分くらいの間ボディクリームを塗ったりしてリラックスするのに便利です）

お風呂のあとは、パックをしたり、ハーブティを飲んだり、読書をしたり、寝るまでの時間をのんびりと過ごしましょう。

大丈夫、あなたは十分がんばっています。
安心してぐっすりおやすみなさい。

特別な夜にしてくれるおすすめリラックスグッズ

IKEA の香りつきブロックキャンドル
499 円〜

とにかく安いので、もったいぶらずどんどん使えるのが魅力。ただし、安い分、溶けたロウが横に広がってしまうことがあるので、容器に入れての使用がおすすめ。

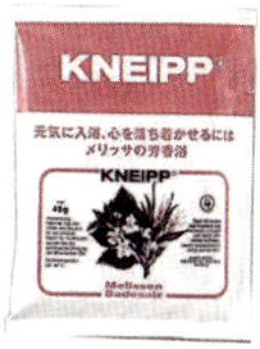

クナイプの入浴剤
200 円前後〜

クナイプは、125 年以上の歴史を持つ、ドイツ生まれのハーバルブランド。バスソルトや液体タイプの入浴剤など、たくさんの種類があります。効能も、肩こり緩和や保湿などさまざま。

SABON のボディソープ
3400 円（税込）

パッケージもおしゃれでかわいらしい SABON。ジェルタイプ、オイルタイプなど、いろいろなボディソープがあります。

STEP

2

自分の
いまの状況を
客観的に知る

BEFORE

将来が不安になって
資格取得やセミナー通いに
走りがち。
心身ともに疲れ果てて、
目の前の仕事が
おろそかに……。

AFTER

転職市場の動向や
自分の強みを知ったら、
少し自信がついた。
いまの職場でも、
まだまだやれることが
ありそう！

09

自信のない人こそ、転職サイトに登録してみる

最近特に聞くようになったのが、転職の相談です。

アメリカをはじめアジア諸国でも20代まではいろいろな会社を見てまわって、業界・風土・組織・仕事が自分に合っているところを探すために転職をするのが一般的ですし、日本でもいまの20代は新卒で就職するときから転職サイトに登録するとも聞いています。

だから、もし転職に興味があるのであれば、気軽にサイトに登録してみればいいと思います。「転職したほうがいいのかな、でも私のキャリアでできるのかな」みたいに悩んでいる人には、特におすすめです。

登録して求人をリサーチしてみると、いろいろなことがわかります。

- **世の中にはどんな会社があるのか？**
- **どんな求人が多いのか？**
- **自分のやりたい仕事の求人はあるのか？**
- **自分の経験はどれくらい求められているのか？**

見ているだけで、自分の市場価値はもちろん、自分の指向性も見えてきます。制作系の職種ばかり見ているとか、接客業をチェックしがちだとか、自分が興味のある職種や企業の傾向がわかってきます。年収をまず見るという人もいれば、福利厚生をしっかり見る人もいるでしょう。自分が企業に求めるものもハッキリしてきます。

そして、もし興味のあるものがあれば、応募してみてもいいでしょう。たとえ採用に至らなかったとしても、さまざまな学びがあります。

やっぱりいまの会社でがんばってみようと思うこともありますし、採用されなかった理由がわかれば、これからどんな経験が必要か知ることができます。

転職するのかしないのか、いつするのかは人それぞれです。まわりに流されず、自分のキャリアや人生プランと矛盾しない転職先を選んでみましょう。

気をつけたいのが、「いまの会社を辞めること」が目的の転職になってしまっているケースです。

どこかに内定が出たとき、冷静に判断ができません。いいところしか見えなくなっていて、入社してみたら思っていたのと違った、という話もよく聞きます。特に、労働条件や福利厚生などの説明があやふやだったり、質問に的確に答えてくれないところは要注意です。

また、仕事内容や給与などがいまの会社とそれほど変わらないときも、本当に転職すべきかよく考えてみてください。転職することがキャリアアップになるのか？　自分がやりたいことに近づいているのか？

新しい職場でやっていくには、気力も体力も必要です。思っていた環境と違うかもしれないリスクもあります。それだけのコストをかけて、いまの会社にいるのと同じ仕事をやる必要があるのでしょうか。

自分のやりたいことができるかどうか、しっかり見極め、納得することが大切です。

POINT

転職サイトに登録すると、自分の市場価値を客観的に知ることができます。

10

資格より、目の前の仕事で成果を出す

「何か資格を取得しようと思うんですが、何がいいですか？」

キャリアカウンセリングでも、講演でも、とてもよく受ける質問です。

わかりやすい指標である資格を武器にしたい、という気持ちはよくわかります。たしかに「調整力」よりも、「ＴＯＥＩＣ９００点」や「簿記３級」のほうがわかりやすい気がしますよね。

でも、資格さえあれば、本当に大丈夫なのでしょうか？　やりがいがあって、自由に楽しく働ける仕事に就けるのでしょうか？

実は思っているほど、資格は万能の武器にはなりません。資格だけ持っていてもそのスキルを使った経験がないと、「実績」とまでは認めてもらえないことが多いのです。

つまり、簿記3級という資格よりも、実際に経理で仕事をしたことがあるかどうかが重視されます。資格は、あるに越したことはないですが、万能薬ではありません。

資格取得に必死になるより、自分がこれまでやってきた仕事に自信を持ち、その実績から自分の強みを見つけましょう（資格がダメ、という意味ではありません。国家資格など、まずは資格がなければ、就けない職種もあります）。

企業が求めているのは、「自分の将来のために資格取得に必死になっている人」ではありません。「目の前の仕事で会社に貢献している人」です。

まずはいまの仕事に集中し、実績をつくりましょう。

POINT

資格さえあればすべてうまくいく？
そんなわけありませんよね。

11

いままでの仕事を振り返って、「強み」と「実績」を見つける

「誰にでもできるような仕事しかしたことがなくて」
「職務経歴書に書けるような経験がないんです」

自分の経験に自信がない、自分の強みがわからない、という相談をよく受けます。
そんなときは、一緒にこれまでの経験を振り返るお手伝いをします。すると、工夫して評価されたことや、得意な仕事のことなど、自分では忘れていたり、気づいていなかった過去の成功体験が次から次へと出てきます。「それを強みって言っちゃっていいんですね！」と、みなさん明るい顔になります。もちろん、立派な強みです。

では、自分の仕事を振り返って、次のようなことを書き出してみましょう。

❶いままでやってきた仕事内容を時系列に並べる
❷その仕事ごとに、次のような項目をつくり、書き込む
- **自分なりに工夫したこと**
- **その仕事を通して得られた学びやスキル**
- **評価された点や周囲の具体的な反応**

たとえば、業務マニュアルの改訂など、他の人が意識していなかった部分に改善の余地を見つけたり、紙の記録をデジタル化するなど業務の効率化を試みたことはありませんか？　そんなのたいしたことない、と思いがちですが、とんでもありません。つい同じことをくり返しがちな仕事で、こうした工夫や改善ができることは、大きな強みです。目に見えてわかりやすい、営業成績や売上だけが実績ではないのです。

急激なＩＴ化が進むいま、同じことをくり返しているだけでは、企業も個人も取り残されます。変化をキャッチアップし、改善できる能力は、大いに評価されるのです。

特に、事務系やアシスタント系の職種の人は、相手をフォローしたり、調整役をしたり、コミュニケーション能力に長けている傾向があります。周囲とのやりとりをうまく進められることは大きな強みです。なかには、「コミュニケーションスキルが低くて」と言う方もいますが、よく話を聞いていくと、自ら発信することは苦手でも人の話を聞くことが得意、なんて方もたくさんいます。これだってたいへんな強みです。

自分ひとりでは、なかなか強みと言えるものがわからない、という人は、第三者に聞いてみましょう。あなたの仕事ぶりを知っている人がおすすめです。

POINT

強みを見つけたら、それを目の前の仕事に活かす。それが、あなたのこれからのキャリアになります。

いままでの仕事振り返りシート

期間	・2015.4 ～ 2018.3	・2018.4 ～現在
仕事内容	・営業補助	・総務
工夫したこと	・顧客対応のマニュアルを改訂した ・ファイルの名前のつけ方を統一した	・備品購買のコスト削減の余地に気づき、仕入れ業者の見直しをして、約17％の経費削減を実現した
得られた学びやスキル	・見やすい注文書の作成 ・電話での気持ちのいい対応	・業務委託契約書や秘密保持契約書の作成 ・株主総会や取締役会の運営・議事録作成
評価された点や周囲の反応	・自分宛にわざわざ電話をくれるお客さんがいた ・安心して仕事を任せられる	・社屋移転に際して、フリーアドレス制の導入を提案・実施。社内コミュニケーションが円滑になったと好評だった

12

成果は「客観的な事実」に昇華してこそ武器になる

「がんばっているのに、表面的な結果しか評価されない」
「売上以外にもチームへ貢献している面はあるのに上司には見えていない」
こんなふうに思ったことありませんか？

私は男性管理職向けの研修もよく行います。そこでは、「ビジネスですから結果を重視するのは当然ですが、プロセスも見て、部下をほめたり評価したりしてあげてください」と伝えています。

しかし一方で、プロセスを重視しがちな人も認識を変えなければなりません。ビジネスでは、なにを置いても結果がいちばん大事なのです。

転職のための面接の練習のお手伝いをしていると、「〇〇をがんばりました」とアピールする人が多いのですが、「その結果は？」と聞くと、「そこまで考えていなかった」「調べないとわからない」とおっしゃる方が実に多いのです。

がんばったことをアピールするだけでは、残念ながら「それでどうなったの？」で終わってしまいます。求められている人物は、どの会社でも、ちゃんと結果が出せる人、なのです。特に転職では、それを「実績」として高く買ってくれます。

結果をアピールする際も、「チームの雰囲気がよくなりました」「リピートがとても増えた気がします」ではなく、数字などの客観的な事実を集めておきましょう。

POINT

ビジネスでは、プロセスより結果！

13

会社から期待されている役割を知って、「正しい努力」をする

「リーダーをやってみたいのに、その役割が全然まわってこないのはなぜ？」
「私にはサポート役が向いているのに、営業の成績を求められても困る」

そんなふうに、やりたい役割がまわってこないと思ったことはありませんか？

こんな相談を受けたときは、「あなたに何を期待しているのか、上司に聞いたことはある？」と質問します。

「そういえば、ないです……」とおっしゃる方がほとんどです。

あっ、そっちじゃないよ！　コース外を疾走するじゃじゃ馬にならないように要注意！

リーダー役がまわってこないのは、いまのプロジェクトではフォロー役を期待されているからかもしれません。

営業成績を求められるのは、予算を達成できるかどうかの瀬戸際なので、とにかく売上を上げることを期待されているのかもしれません。

また、単純に、上司から見ると、リーダーに向いていないとか、営業の素質があるとか評価されている場合もあります。

こうした会社の状況と部下に期待

する役割については、本来上司がはっきり伝えるべきなのですが、「状況を見ればわかるだろう」「察して動いてくれるだろう」と思って、説明を怠っている場合があります。

「会社の目指す方向を理解して、そのために自分が果たすべき役割のために動く」ということが、苦手な女性が男性より多いと一般的には言われています。

それは、何も女性が自分勝手だということではありません。いわゆる「地図の読めない女性」と言われる所以となっている「空間認識能力」が低いことが関係しています。空間認識能力が高い人は、空間の中に線を引いて立体的にイメージすることができます。つまり、会社の目的と自分の役割を把握しやすいのです。

一方、空間認識能力が低い人は、その場その場で目印になるものを指差し確認しながら目的地へ向かう「目印思考」をする人が多い傾向があります。「信号を渡って左へ歩いて、2つ目の角を右に入る」などと認識する人です。

目印思考が強い場合、会社の目的やそれを取り巻く状況、その中での自分の役割をきっちり説明してもらえないと、あらぬ方向に全力で走り出したりしてしまったり、怖くて前に進めなくなったりします。

会社はなぜ、あなたを雇い、何を期待しているのでしょう？

会社の目指す方向を理解して、自分が果たすべき役割のために動くことが求められています。

期待されていない方向に努力して、自信をなくしてしまう前に、「自分にどんな仕事や成果を期待しているのか」はっきりと上司に確認しておきましょう。

POINT

正しい方向に努力しましょう。

14

自分の得意なことで会社に貢献する

人には、得意、不得意があります。

私は、新卒で就職したメーカーでは事務をしていたのですが、どうもミスが多く、いわゆる「ダメ社員」でした。

しかし、転職した人材会社でキャリアコンサルタントという職業に就いてからは、仕事が一気に楽しくなり、実績を出すこともできるようになりました。そして、現在はキャリアカウンセラーとして、多くの講演や企業研修を行うまでになりました。

これらの経験から、どうやら私は事務的な細かい作業が苦手で、人の話を聞いて、そ

得意なこと、不得意なことがわかっていれば、安心です。

の情報を整理して解決したり、人に何かを伝えるという仕事は得意なようだということがわかりました。現在は、事務の仕事は自分である程度までやって、あとは得意な人にお願いするようにしています。

責任感が強い人、まじめな人、そして負けず嫌いな人ほど、「できない」ということが認められず、苦手なことを克服しようとがんばる傾向にあります。

四苦八苦しているのを見た周囲の人が、「大丈夫？　手伝おうか？」と声をかけても、「大丈夫です！」

と援助を断ってしまうのです。

がんばって克服しようとすること自体は悪いことではありません。特に新人の頃や、まだ経験のない仕事をするときは、最初はできないのが当然です。「もしかして、この仕事、向いていないかも」と思うこともあるはずですが、まずは人並みにできるようになるところまで、あきらめずにやり続ける必要はあります。

しかし、さんざんがんばって続けて、どうにかできるようにはなったものの、他の人がやったほうが効率がよいことは、手伝ってもらったり、お願いできるようなら得意な人に代わってもらうほうがよいでしょう。

会社全体の成果として考えると、できるだけ短時間で目標を達成できることがいちばんです。あなたが10時間かかる仕事を、1時間でできる人がいるなら、その人にお願いするのが、会社が求めることでもあります。

その代わり、あなたが得意なことで、まわりを助けてあげましょう。

小さなことでかまいません。パソコン操作が苦手な上司がいたら、使い方を教えてあげるとか、ほかのプロジェクトを担当している人に役立ちそうな情報を入手したらシェアするなどでもいいのです。

まずはあなたから、得意なことを提供すれば、苦手なことをお願いしやすくなります。

POINT

だれにでも不得意な仕事があります。「苦手なんです」と怖がらず言ってみましょう。

15

ひとりでがんばらず、「チームになくてはならない人」になる

あなたは、この2つのグループのキーワード、どちらに惹かれるでしょう?

❶ **自分らしい/自己実現/自分磨き**
❷ **チーム/組織/マネジメント/チームプレイ**

女性向けにセミナーを開催すると、❶のように自分に矢印が向いたタイトルは、興味を持ってもらえるのですが、❷のような組織に矢印が向いた言葉がタイトルに入ると、とたんに関心が薄れていくのを実感します。

「キャリアアップ」「スキルアップ」と聞くと、私たち女性は、つい自分だけに目が行

きがちです。そのほか、「スペシャリスト」「専門性」「資格」も、女性にとても響きやすいキーワードです。

しかし、私のところにキャリアカウンセリングに来られる女性の9割が、会社で働いている会社員です。

会社で働く上で求められるのは、チームで成果を出すことです。

新規開拓営業などの個人にノルマが課せられる仕事は例外ですが、基本的には自分のスキルをひたすら磨くのではなく、組織に貢献し、結果を出すことが求められるのが会社員といえるでしょう。

ちなみに、男性は「自分磨き」というタイトルよりも、「チームプレイ」や「マネジメント」といったキーワードが入ったセミナーのほうが、興味を持ってくれます。

ここから考えられることは、男性のほうがチームで成果を出すことに慣れているし、自分が評価されるためにも、チームを自然と重要視しているのです。

一方で、女性は、成果を出すために、ひとりでスキルを磨いてひとりでがんばる思考に陥りがちです。

「うちの女性社員は、とにかくまじめでがんばり屋さんが多い。でも、途中で失速するんだよな」

これは、企業の人事部で本当にたびたび聞く言葉です。

勉強熱心なので、男性の同期と比べると最初は成長が速く結果が出やすいものの、期待してチームリーダーなどにしてみると、仕事をひとりで抱え込み、あまりうまくいかないことがあるようです。

ひとりでまじめにがんばるスタイルには限界があります。

本当に仕事ができて結果が出せる人は、上手にまわりを巻き込むことができる人です。前項でも書いたように、得意な人に任せたり、アドバイスをもらいながら、いい意味で手を抜くことができます。

一方、ひとりでしか仕事ができないと、ひたすらがんばり続けるしかありません。それでは疲れてしまいますよね。

本来女性は、上下関係のある縦社会ではなく、フラットで平等な世界の住人です。調整役として、さまざまな人や仕事を横糸でつないでいくことが得意な人も多いのです。あなたも会社というチームの一員です。ひとりで仕事をしているのではありません。お互いに協力し合うのは当然だと思って、ときには先輩や上司、同僚、他部署の人にも頼り、そしてチーム全体のことを考えた行動・提案をしてみましょう。

POINT

個人でがんばるのではなく、チームで結果を出す。

16

居場所がほしくて、ついやってしまう「巣づくり症候群」に要注意

「後輩が自分の部署に配属されてくると、つい身構えてしまう」
「同僚と仕事を共有してって言われたけど、なんとなくイヤだな。ひとりでできるのに」
「マニュアルをつくるのはめんどうだから、その都度私に聞いてくれればいいのに」

こんなふうに思ったことはありませんか？

会社組織としては、人が代わっても仕事が支障なくまわるようにしたいので、マニュアルをつくったり、複数で担当したり、部署で共有したりして、だれでもできるよう

にしておきます。

担当者が休んだり辞めたりしたときに、その人にしかわからない業務があったら困るからです。


しかし、冒頭のように、私たちがそれに抵抗して、ついひとりで抱え込んでしまうのは、「この仕事を手放したら、自分の役割や居場所がなくなってしまう」という危機感があるからです。

こうして自分の仕事をひとりで抱え込んでしまうことを、私は「巣づくり症候群」と呼んでいます。

自分の存在意義（＝巣）を職場で確保するために、仕事を共有することが怖いと感じているのです。

「この仕事は○○さんでないとわからない」と言われることに優越感を抱いていることもあるでしょう。

逆の立場から、こんな相談を受けたこともあります。

「先輩が自分の仕事を手放してくれなくて。おかげで私は、先輩に言われることをやっているだけでおもしろくありません……。上司に相談したんですが、『任せてもらえる仕事はないですか？』って自分から言ってみなさいってアドバイスがあっただけで。もちろん、言ってます。でも、先輩には『大丈夫、大丈夫！』って言われるだけなんです……」

これもきっと、後輩に教えたら自分の居場所がなくなるのが怖いと感じているから、仕事を渡したくないのでしょう。

残念ながら、自分の仕事を抱え込む「巣づくりさん」の周囲からの評判は、よくありません。

ひとりで抱え込んでいると、なかなか他の人の目に触れない（見せない）ため、工夫や改善もなく、効率の悪いやり方でずっと続けがちです。そして、まわりはそのことに薄々気づいていることも多いのです。

巣づくりさんが辞めた後、「なんだ、こんな効率の悪いやり方をしていたのかぁ」とか、「こんなものまで抱え込んでいたんだ」など、周囲から残念な評価をされているのもよく見かけます。

くり返しになりますが、会社にとって大切なのは人が代わっても仕事が支障なくまわるようにすることです。

業務を見える化し、まわりの意見を受け入れながら改善し、生産性を上げていくことが、評価されるのです。

では、どんな人であれば、巣づくりしなくても、必要とされるのでしょうか。

とても簡単な答えですが、それは、チーム全体のことを考えて仕事をしている人です。

「あの人と一緒に働きたい」「あの人がいるとチームの雰囲気がよくなる」などと思われる人です。

「たしかに、仕事はそんなに変化はないけれど、心の持ち方次第よ。若い子が成長するのを助けるのも、私の存在意義だと思っているわ」

ある50代の女性の言葉です。

後輩が相談したくなるような温かく包容力のある素敵な女性でした。

また、彼女は、年上の男性たちからも頼られていて、職場にいてもらいたい存在のお手本でした。

そんな彼女も、最初は悩んだそうです。「若手が入ってきたら仕事の勘も鋭いだろうし、負けてしまう」と。

そこで、「ベテランの自分だからこそできることってなんだろう?」と考えた結果、現在のような存在に行きついたのだそうです。

いまの仕事にしがみつかない。その仕事を手放せば、よりやりがいのある仕事や人脈が手に入ります。

POINT

チームのゴールのために仕事をする。
そうすれば、いつのまにか
あなたの居場所ができています。

17

不公平に扱われても気にしない

「なぜ女性は、『○○さんはずるい』とか、『○○さんばっかり……』と他の人を引き合いに出してアピールするの?」

これは、男性にたびたび聞かれる質問です。

私たち女性は、男性とは違う戦い方をしている、と言われています。

9〜10歳の男の子の行動を調べたら、遊びの50%以上を競争するために費やしているそうですが、女の子はたった1%だけだった、という統計もあります。

子どもの頃の遊びを思い出してみると、男の子はサッカーなどのスポーツ、女の子はおままごとをしていたことが多いのではないでしょうか。

サッカーのゴールは、勝つこと。チーム内で序列をつけて協力し合います。

一方、おままごとのゴールは、みんなで仲良くすることです。

みんなに順番がまわってくるように役を割り振ったり、全員分のごはんをつくったり……。そうしないと仲良く遊ぶことができませんよね。

でも、子どものころに身につけた「平等と公平」のルールを会社に持ち込むと、「○○さんはずるい」になってしまいます。

たとえば、ある営業部で、大手のクライアントの引き継ぎを行うことになりました。上司は、安心して任せられる営業成績のよいスタッフを後任に選びました。

すると、選ばれなかった女性は、「不公平です、いつも○○さんばっかり。クライアントは平等に分けてください。あの人は苦労しないで棚ボタ、それで達成したって納得できません」と主張しました。

男性はチームの勝利のためなら不公平もしかたないと考えたり、または、不公平だと思っても公言しないことが多いですが、女性は機会を同じように与えられないことは不公平だと思って、それをはっきりとうったえるのです。

残念ながらビジネスはサッカーのルールで動いています。チームの勝利がすべて。だから、他人と比べてのアピールは逆効果。「なぜ、わざわざ人を引き合いに出すの?」と理解してもらえません。

下手をすると、「嫉妬深い人だな」と思われてしまいます。

似たようなセリフとして、「○○さんはちゃんと仕事をしていないのに、なぜ評価が高いんですか?」「○○さんのお給料が高いのが納得いきません」などがあります。

言いたいことはわかるのですが、これらの発言の真意は、「私のことも○○さんのように評価してほしい」ですよね。

では、こんなセリフに変えてみてはどうでしょう。

「会社から評価してもらうためには、私は今後何をしたらよいのでしょうか」

「お給料をアップさせたいんです。そのためには、私に何が足りませんか？」

これなら、人を引き合いに出さなくても、「がんばるのでちゃんと評価してほしい」という気持ちが伝わりますよね。

POINT

他人を引き合いに出してのアピールは、損です。アピールは、前向きに。

COLUMN 02

チャンスをつかむオフィスファッション

オフィスファッションは、「仕事ができそうに見える」ということを第一に意識しましょう。「どう見られるか」がいちばん大事です。

あまりにカジュアルな服装や流行の服装をしていると、取引先からはなめられてしまいますし、上司など周囲からは「真剣に仕事を続ける気がない」と判断されてしまうかもしれません。また、男性以上に厳しく見ているのが、女性。男性に媚びているなどと思われないように、女性からも好感をもたれる服装を心がけましょう。

さらに、企業にとって困るのが、女性の服装やお化粧については、本人に注意しづらいということです。だから、「何も言われないから大丈夫」だと思っていても、実は面と向かって言われないだけで、「彼女は人前に出せない」と思われている可能性もあります。

まずは信頼感のあるスーツをひとつ

内勤の方でも、ときには取引先に行ったり、プレゼンをしたり、フォーマルな場に出たりすることがあります。そんなとき、お気に入りのスーツがひとつあると安心です（ジャケット、パンツ、スカートのセットなら、さらに使いやすいでしょう）。

私も講演や研修のときはほとんどスーツです。個人的には、ある程度おしゃれでフォーマル感もある「セオリー」のスーツがおすすめです。

着回しできる、シンプルなよいものを

シンプルで着回しのきくものを意識してそ

ろえていきましょう。派手すぎるもの、目のやり場に困るものは、当然NG。次のようなことにも気をつけてくださいね。

- 短すぎるスカート（膝丈までにしましょう）
- 露出の多すぎるトップス（必要以上に女性を意識させる服装は避けましょう）
- ブーツ（実はオフィシャルではありません。会社に行ったら履き替えましょう）
- 高すぎるヒール、ぺたんこ靴（5センチくらいまでの低めのヒールがベストです）

え？　おもしろくないですか？　でも、これがビジネスでチャンスをつかむファッションの基本です。流行や、自分の個性をアピールする服装は、休日などのプライベートで、思い切り楽しみましょう。

ファッションについてのおすすめブックス＆グッズ

されど“服”で人生は変わる（齋藤薫／講談社）

おしゃれのあり方に関するエッセイ。服装への意識を変えることによって、人生や仕事への意識も変えることができる。服装から人生を豊かにできる一冊。

ビジネスファッションルール（大森ひとみ／ディスカヴァー）

ファッション誌が決して教えてくれない72のビジネスファッションのルール。「ビジネスでの服装は、成功のためのツール」と言い切る、読んでおいて損のない本。

セオリー（theory）のスーツ

アメリカ生まれのブランド。スーツなどの美しいシルエットに定評がある。直営店の他、全国百貨店にも店舗展開をしている。

STEP

3

目の前の仕事で実績をつくる

BEFORE

何をするにも
どこへ行くにも
いつもギリギリ。
焦ってばかりで
仕事が雑になりがちに……

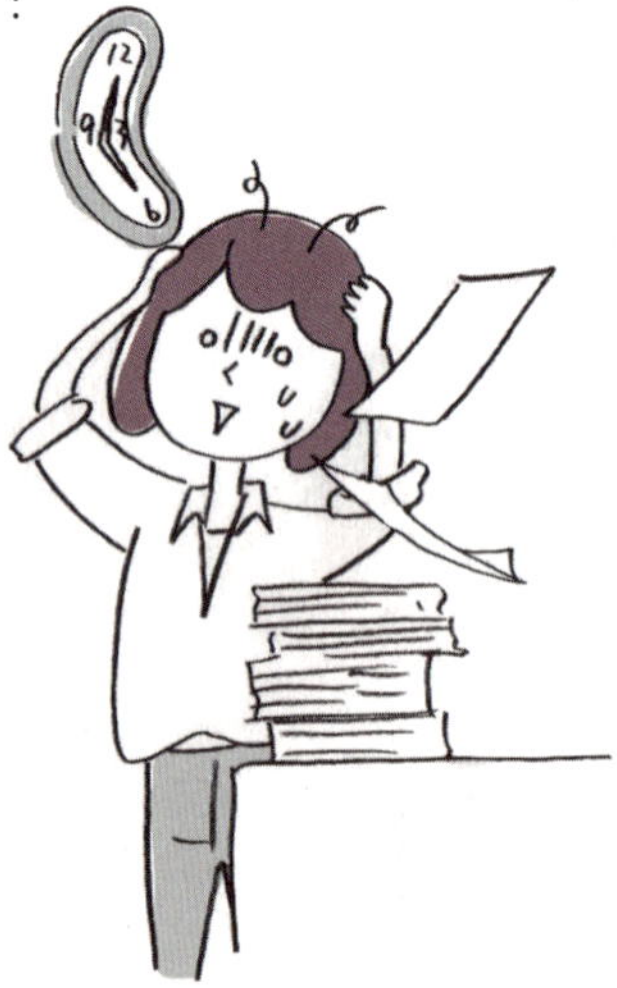

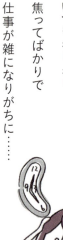

AFTER

早めの行動で、
落ち着いて仕事に
取り組めるようになった。
上司の見る目も
変わってきたみたい！

18

1日のシミュレーションは、前日に行う

「午後のミーティングまでに資料をつくっておいて」と、上司から急に頼まれてしまいました。

落ち着いてやればできるのに、慌ててしまって、ついついケアレスミス。

思いのほか時間がかかってしまったせいで、本来の自分の業務が滞ってイライラ。

そんな経験ありませんか？

突発的な仕事に弱いという方、実は少なくありません。

特に、事務や経理など、ルーティンを毎日きちんとこなすことが得意な方に多いようです。

「で、できません……!」をグッと飲み込んでこそ、一人前!

でも、そのたびに慌てて失敗していたのでは、仕事になりませんし、精神的にもよくありません。急な依頼にも落ち着いてさっそうと対応してこそ、一人前です。「急に言われてもできません!」なんて断ることは論外です。

まずは、シミュレーションをすることから始めてみましょう。突発的に思われる仕事は、実は予測可能なものもあるのです。冒頭の例なら、「明日はミーティングがあるから、資料を頼まれるかもしれないな」と予測しておくことが可能なはずです。

前日の仕事が終わったときに、翌日すべき仕事、頼まれる可能性のある仕事などを想定しておきましょう。まだ頭が仕事モードのときにやれば、ほんの少しの時間で終わるうえに、翌朝すぐ仕事に取りかかることができます。

それに慣れてきたら、次は、どの仕事をどの時間帯にやるのかもイメージしておきましょう。あなたの得意な仕事、不得意な仕事に分けて計画しましょう。「データ集計は不得意だから、午前中に終えてしまおう」というイメージです。

私も、前日の仕事終わりに、翌日すべきことや起こりそうな出来事をすべて書き出しておきます。それによって、それぞれの仕事をどう進めるかをシミュレーションして、次の日を迎えることができます。苦手な仕事は、どの時間帯でやるのがいいかな、などと考えておきます。

❶翌日するべき仕事を書き出す
❷翌日頼まれる可能性のある仕事を書き出す
❸それらを自分の得意／不得意に分け、どの時間帯で作業するのがよいか考える

「計画的に自分の仕事を管理する」とは、「自分の気持ちも管理する」ということです。「きっとこの仕事が来たら、慌てるんだろうな」「この仕事は苦手意識があるから、着手するまで、少し心の準備が必要なんだろうな」なんてことも想定しておきましょう。

POINT

毎日の最後の仕事は、翌日のプランニング！
1日を穏やかに過ごせるようにしましょう。

19

定時より少し早く出社して、気持ちよく朝をスタートする

気持ちよく働くために、まずおすすめしたいのが、余裕を持って出社すること。

始業時刻のせめて10分前には出社すると1日のよいスタートが切れます。時間ギリギリに「おはようございます……」とそっと出社するのではなく、10分前にはデスクについて出社してくる人に「おはようございます！」とさわやかにあいさつしましょう。

また、30分前には会社の近くに到着しておいて、カフェなどで朝食を食べてから出社するのもおすすめです。

たくさんの人と乗り合う電車やバスでの通勤は、ときにはイライラしたり、緊張感

があるものです。気持ちのスイッチを切り替えてから、会社のみんなに会いましょう。

そんなあなたの姿は周囲の人にもよい影響を与えます。

朝、あなたに会うと気分がよくなる、そんな存在を目指しましょう。

ちなみに私は、早朝ヨガに行くことがありますが、出社前の男女がたくさんいます。呼吸を整えてから出社すると、すがすがしい気分になります。

朝が苦手で少しでも長く寝ていたい……。そんな気持ちもわかりますが、気持ちを一新する「10分前出社」、ぜひ一度お試しください。

POINT

朝、あなたに会うと気持ちがいい！
そう思われたら素敵ですよね。

20

時間の余裕は、心の余裕。10分前行動を基本にする

いつも駆け込み乗車、夏場は汗びっしょり。髪の毛が濡れたままだったり、お化粧が途中だったり……。そんな人を電車の中でたまに見かけます。

●ケース1

ある企業の採用面接のサポートをしたときのお話です。

面接に毎回遅刻してくる女性がいました。しかも、カバンの中はぐちゃぐちゃ、その中から取り出す資料もボロボロ。

遅刻してくる理由の道理は通っています。電車が遅れたとか、仕事が終わらなくてとか。外的要因なのでしかたないのですが、おそらく、それらの突発的な事情があっ

た場合のことは計算に入れず、ギリギリの時間で動いているんだと思いました。

そのため、少しでも何かあった場合、遅刻してしまう。

お人柄はよかったので一次面接は通過したのですが、二次面接は残念ながら不合格になってしまいました。理由は、時間も守れず、整理整頓もできない人に仕事を任せても、ミスが多そうだから。満場一致でした。

● ケース2

企業で研修をすると、休憩のたびに毎回必ず遅れて入室する人がいます。ギリギリに入室してくる人もいます。

気をつけて見ていると、そのような人の研修終了後の感想アンケートやアクションプランシートは、空欄だらけ。書いてあるとしても、1行のみ。他の人はぎっしり書いているのに……。どうやら、気づきが少なかったようです。

しかも、遅れて入ってくることで、グループワークの際、周囲の人に改めて説明してもらう必要があり、グループ全体が毎回休憩時間の後、遅れを取ってしまう。

「また君か……」　ギリギリ女子は、朝からマイナススタートです。

ケース1と2の人の共通点は、その人の後ろに「ケアレスミス」が道しるべのようにボロボロと落ちていることです。そのミスをカバーするために、もう一度、慌てて道を走って戻らなくてはならないのです。

しかも、ギリギリに動いているため、戻ると、さらに遅れていきます。

ここまで極端な人は、それほど多くありませんが、打ち合わせに遅れそうで焦ったとか、慌てて出かけたら名刺を忘れていたなどという経験は誰しもあるのではないでしょうか。

仕事ではきちんとするようにしているけれど、友人との待ち合わせや飲み会にはいつも10分くらい遅れてしまうという人もいますよね。

時間に遅れないのは、社会人として当然のマナーです。

前項でも「10分前出社」をおすすめしましたが、どんなときも10分前行動を心がけていると安心です。

10分余裕があれば、何か突発的な事態があっても想定内です。

POINT

どんな正当な言い訳をしても、遅刻は遅刻。結果に責任を持って、段取りをしましょう。

21

なんとなく後回しにしてしまう「モヤモヤ仕事」をスッキリさせる

「つい後回しにしてしまう仕事」や「なんとなく気が重い仕事」ってありますよね。

そんなときは、なぜその仕事が苦手なのかを考えてみると解決策が見えてきます。


私の研修に参加してくれた、ある営業アシスタントの方です。

「エクセルで作成する週間売上資料が苦手で気が重い。つい締め切りギリギリまで手がつけられなくて、でも気持ちは焦ってしまって……」

詳しく聞いてみると、資料作成自体が苦手なのではなく、かなり細かいデータで、細心の注意を払わなくてはならないのに、営業からの依頼などでたびたび作業が中断され、集中できないことが原因だとわかってきました。

そこで彼女がどうしたら少しでもラクな気持ちになれるかを考えた結果、「資料作成する場所を変えること」にしました。自分のデスクにいると、さまざまなリクエストが入り、集中できずミスが増えます。1時間だけ席を外し、会議室で集中して資料をつくることにしたのです。

その仕事自体はイヤではないのに、なぜかモヤモヤしている仕事があれば、一度、なぜ気が重いのか、どうしたら負担が軽減されるのかを考えてみましょう。自然に解決策が出てくるはずです。

POINT

場所を変える、時間帯を変える、同僚に進捗を管理してもらう……など、自分がラクになる仕組みづくりをしてみましょう。

22

慣れている仕事こそ、丁寧にやる

「なんかおもしろいこと、ないかなあ」

「同じ仕事ばっかりで飽きちゃった」

そんなつぶやきが、カフェで隣の席の女性たちから聞こえてくることがあります。


仕事って、同じことのくり返しが多いものです。革新的な仕事やクリエイティブな仕事はほんの少しで、ほとんどがルーティンワークと言ってもいいでしょう。

ルーティンワークが好きな人もいれば、苦手な人もいます。

いちばん多い悩みは、同じ仕事ばかりで自分は成長しているんだろうかという不安です。そして、不安のあまり目の前の仕事をおろそかにし、資格の勉強などを始める人も多いと思います。

特に、仕事に慣れてきた頃が魔のとき。要領よくできるようになり、手の抜きどころも見えてきます。

実は私自身も社会人3年目、この魔のときを迎えました。

だいたい仕事の流れはわかってきたので、なんとなくこなしている感じになってしまっていました。

そんなとき、ある仕事で大きなミスをしてしまいました。関係者への大事な連絡をすっかり忘れていたのです。いわゆるケアレスミスですが、結果的にはたくさんの人に迷惑をかけることになりました。

仕事をしていると、失敗は当然あります。でも、これは挑戦してできなかったとかではなく、当たり前のことを丁寧にやっていれば、決して抜け落ちることはなかったはずのミスでした。

自分は仕事をなめているのではないか、と猛反省しました。事実、「私じゃなくてもできる仕事」と思っていた部分もあり、注意力散漫になっていたことに気づきました。

とはいえ、ケアレスミスというのは、どうしても起こってしまうことでもあります。

そこで、自分の仕事の流れを紙に書き出して、整理してみました。それぞれのステップですべきことがあるのですが、これを頭で覚えているだけでなく、「見える化」してチェックしてみようと思ったのです。


書き出していくうちに、仕事の流れの振り返りにもなりましたし、「ここ、気をつけないと抜けがちだな」というポイントも発見できました。

特にひとりで完結する仕事は要注意です。みんなで協力する仕事なら、誰かが抜けている点に気付いてくれる可能性がありますが、自分に一任されている仕事は、チェック機能がありません。

慣れている仕事は、周囲も「あの人に任せておけば大丈夫」と思いがち。だからこそ、自己チェックをしっかりする必要があります。
心配な人は、先輩や上司に最終チェックだけでもしてもらうようにお願いするのもひとつの手です。

自分の仕事を丁寧にやり、「見える化」し、まわりと共有し、改善していく。簡単そうに見えますが、実はこれができる人は、なかなかいません。
詳しくは次の章で述べますが、この改善ができると、仕事が楽しくなり、まわりからも頼られ、自分も成長していくことができるのです。

POINT

慣れてきたときこそ、要注意。改めてフローを見直してみましょう。

23

「結論から言う」を徹底して、論理派上司と渡り合う

「前の上司には仕事を任せてもらえたし、ちゃんと評価もしてもらえて、いい関係でした。でも、いまの上司になったら急に意見も通りづらくなって、評価されなくなってしまったんです。どうしたらいいでしょう」

実はこのようなご相談、非常に多いんです。

たしかに、部下の評価は上司との相性が大きく影響します。本来は業績で評価されるべきだと思いますが、現実にはそうも言っていられません。

このような上司にも評価してもらうには、どうしたらいいのでしょう。

私なりに、これらの相談で起こっている背景を分析してみたところ、ある傾向を見つけました。
先ほどの相談で、評価してくれた前の上司をAさん、評価してくれないいまの上司をBさんとしてみましょう。

Aさんタイプ

意欲重視。やる気があれば、どんどん任せてくれます。また、女性部下に慣れていて偏見を持たないフラットな人が多いようです。

Bさんタイプ

論理派。部下の発言が曖昧だったり、事実や数字など具体性がなかったり、主観的だったりした場合、納得してくれません。「何が言いたいのかわからない」と思うと、それ以上聞いてくれないこともあります。

Bさんタイプの人は、いわゆる男性脳の強い人です。

論理的でない人を受け入れづらく、極端な場合は、「論理的ではない＝頭が悪い」と判断する人もいます。

一般的に女性は男性に比べて感覚的な部分が強いので、Bさんタイプの上司との相性はあまりよくないと言えるでしょう。


実は、私も20代の頃、まさにこの状態でした。

上司はBさんタイプの論理派。仕事の相談や報告をしても、何度も「で、結論は？」とか「手短に」と言われて、最後まで話を聞いてもらえません。


そこで、同僚の男性の報告のしかたをじっくり見て、真似してみました。

すぐに実践したのは、「結論を先に言う」ことでした。

上司は、結論がわかっているので安心して話を最後まで聞いてくれ、自分が知りたい情報は後で質問してくるので、とてもスムーズに報告や相談ができるようになりました。

男女の会話の差を見ていると、女性だけの会話は、話があちこち飛びます。「そういえば」なんて、突然話が変わるのは当たり前のようにあります。

でも、そのような一貫性のない会話は、男性にとって負担以外の何物でもないのです。

いまでも、男性に提案する際や男性向けの研修や講演では、できるだけ論理的に話すよう気をつけています。

事実や数字のデータ、理論などを客観的に提示します。

また、最初にプレゼンの目的や結論を明示することも欠かせません。そうしないと、男性は混乱して話についてこられなかったりするのです。

論理派上司には、「結論を先に言う」「できるだけ数字やデータなどの客観的事実を話す」ことを心がけましょう。

話しかける前には、次の項目を紙に書いて整理しましょう。

❶目的は何か？／テーマは何か？

❷結論は何か？

❸具体策は何か？／その具体策をとるべき根拠は何か？

伝えるのも、この順番です。

「課長、〇〇の件（テーマ）についてなんですが、私は〇〇すべき（結論）だと思うのですが、ご意見をうかがいたくて、少しお時間いただけますか？」

ここからスタートです。

「あのぉ、すみません、ちょっとよろしいでしょうか……」と自信のなさそうな話し方は、やめましょう。
その時点で話を聞いてくれなくなる男性もいるのです。

POINT

上司も意地悪をしているわけではありません。
相手の性質を理解して、
受け取りやすい形にして伝えてみましょう。

24

ときには要領のいい「愛され部下」を演じてみる

「同僚がずるいんです。ふだん、上司のいないところではさぼっていたりするのに、気づくとうまく上司にアピールして、いつのまにか、彼女のペースで仕事が回っているんです。上司もまんざらでもなさそうで、コツコツまじめにやっている私がバカみたいです……」

ある女性から、こんな相談を受けたことがあります。まじめにやっているのに報われない……。彼女の悔しい気持ちが伝わってきますね。

要領がよくて、一見ゴマスリに見えるようなことも平気でやってしまう人、そして上司や先輩からかわいがられる人。あなたのまわりにもいませんか？

上司と上手にコミュニケーションをとって、良い関係を築きましょう。

「評価は仕事への姿勢や業績でしてもらうべき」と思っているまじめで正義感の強い人にとっては、要領のいい彼らは「上司に取り入るずるい人」ですよね。

でも、この相談にもあるように、上司の扱いのうまい人は、一般的にコミュニケーション上手で仕事もうまくまわしていることが多いのです。上司をうまく使うということは、要は、上司とうまくコミュニケーションができているということです。

そう思って見てみると、アピール上手な人たちは、そのときだけ上司に頼るというよりは、ふだんからよい関係を築いているのではないでしょうか（本当に都合のいいときだけアピールする人や口だけの人は、上司からも見抜かれていて、評価も高くありません）。

実際に私が見てきた中で、上司をうまく使っている人の特徴を挙げてみましょう。

❶素直であること

素直な部下は、純粋にかわいいものです。

無理にお世辞を言う必要はありませんが、目上の人として尊敬をもって接しましょう。冗談を言ったら笑ってあげましょう。

また、上司の指示には、まずは「はい、承知しました」と返事をしましょう。

❷ホウレンソウをしっかりする

ホウレンソウ（報告・連絡・相談）で情報共有をしっかりしておくと、上司は安心します。

部下がどのような状況にあるかわかれば、上司からもひと声かけたり、仕事を振りやすくなります。

❸チーム全体を見て行動する

チームの業績アップやプロジェクト成功のために、上司にお願いしたほうが効率よく仕事が進むと思ったことはお願いしましょう。

たとえば取引先やパートナー会社とうまくいかなくて、上司に交渉してもらったほうがいい結果になりそうなときなど、チームにとってそれが最善だと説明できれば、お願いではなく提案になります。堂々と伝えましょう。

一方、上司との関係がうまくいかなくなる次のような言動には注意しましょう。

たとえば、小さなことでも、「それ、違うんじゃないでしょうか」と食い下がるのはやめましょう。

会議などでそれをやると、話が長くなって他の出席者の時間を奪うことになってしまいます。

大局を見て、小さいことはスルーすることも時には必要です。

また、正論で追いつめてしまうと、上司は逃げ道をなくしてしまいます。たび重なると、あなたからの相談や報告に逃げ腰になってしまうこともあります。また何か問い詰められるんじゃないかと怖いのです。

もちろん上司の言動を指摘することがチームにとってプラスに働くのであれば指摘すべきですが、そうでないなら、「ちょっと違うんだけどな」と思っても流しておきましょう。

会社にとって大事なのは結果を出す人です。

まじめにやる人ではありません。正論を言うだけの人でもありません。批判するなら、それに代わる提案をしましょう。

あなたの行動が会社の利益になること、プロジェクトの成功につながることなら、上司もあなたの話を聞いてくれるはずです。

POINT

きまじめなだけでは、仕事の成果は出せません。ときには要領よくやっている人の真似をしてみましょう。

25

できる人は基本を忘れない。途中経過は必ずホウレンソウする

チームで仕事をまわしていくうえで、欠かせないのが「ホウレンソウ（報告・連絡・相談）」。社会人の基本中の基本ですが、徹底するのはけっこう難しいんですよね。

「自分の仕事が終わると、それで満足してしまって、つい報告を忘れてしまう」
「途中経過を報告しろと言われるけど、中途半端な状態を見せるのがなんだかイヤ。完璧な状態にしてから上司には見せたい」
「必要性がよくわからない。メリットが感じられたらするけど……」

ホウレンソウのいちばんのメリットは、上司やチームと情報共有ができることです。

初めて取り組む仕事なら前任者にアドバイスがもらえますし、何かトラブルがあっても、状況がわかっていれば周囲も迅速に対応することができます。

ある女性社員に任せていた仕事が、ふたを開けたらチーム全員が巻き込まれるような大トラブルに発展していたことがありました。それまで上司が「大丈夫？　何かあったら相談して」と聞いても、彼女は「はい、万事大丈夫です」の一点張りでした。すぐに対応していれば小さなミスで済んだのに、どうしていいかわからないまま放置していたため、発覚したときには、先輩や上司が、自分の仕事を横に置いて3日間も対処に追われるほど、状況は深刻になっていました。

その女性は、ひどく落ち込んで、反省しきり。なぜそのようなことになったのか、彼女の本音を聞いてみると、今回の仕事は、自分に一任されたから、周囲に迷惑をかけないようにがんばろうと思ったとのこと。

そう、彼女は責任感が強すぎるばかりに、ひとりで何とかしなくては、と思ってしまったのです。しかし、結果として、チームのみんなに迷惑をかけてしまいました。

ホウレンソウは、できるだけ早め早めにするようにしましょう。

冒頭に挙げた「完璧な状態にしてから見せたい」というのも、とても危険です。自分はこれでいいと思って最後まで進めても、上司やクライアントから見たらまったくの的外れという場合もあります。そうなると、最初からやり直しです。

仕事はチームで動いています。あなたも仲間が困っていたら喜んで助けますよね。助けてもらうことを怖がらないでください。みんなで成果を出すためには、お互い助け合いが必須。そのためには、それぞれの状況を共有しておくこと。スムーズに仕事が進むためには、常にまわりに状況を伝え、関わってもらっておくことが大事です。

POINT

ホウレンソウは情報共有。
お互いが協力しチームで最高の仕事をしましょう。

「ホウレンソウ」を確認しよう!

報告

上司から指示された仕事の経過や結果を、
上司に知らせること

連絡

自分の意見をつけ加えず、
事実関係を関係者に知らせること

相談

判断に迷うとき、
上司・先輩・同僚に意見を聞くこと

ホウレンソウが必要な8つの理由

1. 上司が進捗状況を把握できる
2. 問題が起きてもすぐ手が打てる
3. 上司が正しい判断を下せる
4. 上司の意図からずれない
5. 「伝えた」が「伝わった」になる
6. 効率的に組織を運営できる
7. お客さまが満足する
8. 会社のイメージがよくなる

『ホウ・レン・ソウの基本 これだけシート!』(今井繁之著)より

26

チームメンバーに上手に手伝ってもらう

同僚や後輩に仕事を手伝ってほしいけど、みんな忙しそう。お願いするのは申し訳ないなぁ。頼んでも断られちゃうと悲しいし……。いいや、自分でやっちゃえ。

アイデア出しなどはひとりでやるとたいへんですが、何人かでやると効率的にできる仕事です。気軽に周囲にお願いできるといいのですが、忙しいのに迷惑かもと思うと遠慮がちに。でも、最初から声をかけなかったばかりに結局すごく時間がかかって最終的には手伝ってもらうことになり、「なんでもっと早く言ってくれなかったの?」と言われてしまったり……。

相手を思いやったり気遣いをする人ほど、こんな経験があるのではないでしょうか。

自分の仕事について相談するのは申し訳ないという認識を変えましょう。
同僚は、同志です。一緒にひとつの目標に向かっているチームメンバーです。
自分が困っていたら助けてもらうし、困っていたらサポートするのが当然です。

ただ、仕事の頼み方は考える必要があります。「○○を手伝ってほしいんだけど、今週どこかで2時間くらいもらえないかな？」と、事前に打診しておきましょう。迷惑かもと思って言い出せず、ギリギリになって頼むのがいちばん迷惑です。

それでも頼みにくいときは上司に「今週はこれをみんなに手伝ってほしい」と言っておき、上司から他の同僚に指示してもらいましょう。

POINT

仕事は持ちつ持たれつ。協力し合うことを怖がらないで！

27

すべてを完ぺきにやろうと思わない

まじめで優等生タイプの人が陥りがちなのが、とにかく完ぺきにやろうとすることです。

- **取引先からのメールが遅い**
- **上司が資料になかなか目を通してくれない**

よくあることですよね。

仕事全体のことがわかっていれば、設定した締め切りに間に合わなくても調整して新たな締め切りを伝えたり、何かのついでにそっと催促したり、とりあえずできるところから進めたりできるはずです。

でも、仕事全体のこと、その仕事が会社にとってどれくらい大切か把握できていなければ、自分の仕事の範囲内のことばかりにこだわって融通が利かなくなってしまいます。

少しくらい遅れても大丈夫なのに、取引先にしつこく催促をしたり、重要なプロジェクトで忙しい上司に厳しく督促したり……。

完ぺき主義な人は、他人にだけでなく自分にも厳しい傾向があります。

申請書一つ作成するのに人一倍時間がかかったり、資料が必要以上に詳しすぎたりします。

何か目標を決めると、それを達成するためのタスクをこなすことに一生懸命になりすぎるところもあります。

でも、それではまわりも自分も無駄に疲れてしまいます。

また、仕事は結果を出すことが大切なのに、プロセスの一部にこだわりすぎるあまり納期に間に合わないなどの弊害が出ることもあります。

仕事全体を見て、柔軟に対応すること。

まじめな人ほど苦手なことかもしれません。もしこれが苦手だという人は、意識して練習してみましょう。

いつもならイライラしてすぐに催促してしまうところをグッと我慢して、調整してみる。

本当に大切なことか考えてみる。

省略できないか？

先に進められる部分はないか？

そんなに時間をかけるところか？

何事も訓練です。
ちょっと意識してみるだけで、仕事の成果も人間関係も変わるはずです。

POINT

「融通の利かない人」にならないように、
全体を見て柔軟に対応しよう。

28

「なんで私が？」押し付けられた仕事でも評価を上げる

「あれ？　これって私の仕事なの？」

いつのまにかそんな仕事が増えていませんか？

仕事は「できる人」に集まるものなので、仕事が多いことは一概に悪いことではありません。

でも、誰もやりたがらない仕事をなんとなく押し付けられるのは、ハッピーではありませんよね。本人も、断れないから引き受けただけなので、あまりやる気がない。

でも、時間は割かなければならないので、他の仕事に影響して、同僚がさっさと帰った後にひとり残業。なんで私ばっかり……！

頼まれやすい人ってどこの会社にもいます。それは、快く引き受けてくれる人というよりも、きっとあの人だったら断らないだろう、いや、断れないだろうな、という人です。

残念なことに、断らずに仕事をやっている人が評価される、という方程式は成り立たないのが、世の中の理不尽なところです。むしろ、いいとこどりの人がいつのまにか評価されていたり……。

そう、断り下手な人は、アピールも苦手な人が多いのです。

もし自分が頼まれてしまったら、どうしたらいいのでしょう？

❶自分がやったことをアピールする

あなたの評価をする人は誰ですか？　その人に自分がその仕事をしたことがわかるように、やったことはアピールしましょう。

間違っても、依頼してきた人に手柄を取られないように気をつけましょう。

②依頼された仕事プラスアルファの工夫をする

どうせなら、「この仕事、誰がやったの？　ちゃんと工夫しているね」と言われるような仕事をしましょう。これがチャンスをつかむきっかけにもなります。

実は私も事務職をしていたときに、②の「プラスアルファの工夫」を評価してもらい、新しい仕事を任せてもらえたことがあります。

まずは、しかたなく引き受けた仕事でも、やった仕事はアピールにつなげることを意識しましょう。

でも、どうしても断りたいときもありますよね。

「会議の資料作成の仕事が忙しいので今回は無理です」ときっぱり言えない人のために、こんな方法はどうでしょうか？

「わかりました。でも、実は今度の会議の資料作成があって……。では、この資料作成を代わりにお願いしてもいいですか？　もしくは誰かにこの仕事をお願いしてもらえれば、お引き受けできます」

と、代案を出します。

自分だけ頼んでおいて、人の頼みは受けない、というわけにいかない心境になるものです。これ、案外効果ありますので、だまされたと思って一度使ってみてください。

POINT

頼まれた仕事でも、プラスアルファの工夫をしてしっかりアピールしましょう。

COLUMN 03

「仕事に効く！」おすすめ書籍

ふだん、どんな本を読んでいますか？

雑誌や小説、マンガを読むほうが多いという方もいらっしゃるかもしれませんが、ここでは、仕事を続ける上で、気持ちが明るくなる本、考え方がわかる本、視点が広がるビジネス書を中心にご紹介します。

興味のあるテーマやタイトルがあれば、ぜひ一度手に取ってください。

本はあなたにたくさんのことを教えてくれます。このなかから、あなたの心に響く本を1冊でも、1行でも見つけてもらえれば、とてもうれしいです。

仕事についてのおすすめブックス

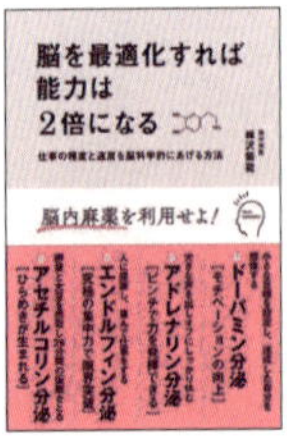

脳を最適化すれば能力は2倍になる
（樺沢紫苑／文響社）

働き方改革が叫ばれる中、多くの女性にとってはライフイベントとの両立が課題。仕事の精度と速度を脳科学的にあげ、時間の有効活用につなげるヒントが得られる。

なぜ女は昇進を拒むのか
（スーザン・ピンカー／早川書房）

気鋭の進化心理学者が挑む性差のパラドクス。なぜ私たち女性は、出世に消極的なのか？ なぜ責任のある立場を躊躇するのか？ 男女の仕事に対する違いがわかる一冊。

あなたの人生の意味
（デイヴィッド・ブルックス／早川書房）

キャリアには、仕事でのキャリアと人としてのキャリアの二種類がある。本書では、どう人生を生きるかが大事であることを先人たちの人生を例に説いている。「仕事ができる人」だけでは人生の意味はつくれないことを気づかされる本。

女性が管理職になったら読む本
（ギンカ・トーゲル／日本経済新聞出版社）

世界中の女性管理職が集まるスイスのビジネススクールで教育プログラムを主催している著者。女性が管理職として活躍するために必要な考え方を理論に基づいて説いているので、納得感がある。

サピエンス全史
（ユヴァル・ノア・ハラリ／河出書房新社）

人間の歴史を人類誕生から詳細に振り返っている。少しボリュームがあるが、いまも歴史の流れの中にいることを実感させてくれる本。その中で、世界的な課題となっている働き方の変化や女性の活躍は、過去にない課題と向き合っている過渡期であることを感じさせてくれる。壮大な歴史の中に自分を位置付けると、悩みも小さく感じるのでは?

STEP

4

自分の可能性を拡げておく

BEFORE

いつもバタバタと
仕事をこなすだけの日々。
がんばってるけど、
同じ仕事のくり返しで
成長している感じは
しない……。

AFTER

まわりのせいにしないで
動いてみたら、
見えてくるものがあった！
もっとチャレンジしても
いいのかも！

29

常に工夫と改善をすることが、仕事を楽しくする

私が講師をする企業研修で、経営層からリクエストされるテーマはさまざまですが、それらは企業が社員に求めていることです。いま、企業は何を求めているのでしょう?

「ワンランクアップ」や「ステップアップ」。

これが、研修のテーマとしてよくリクエストされるものです。企業は、目の前の仕事のレベルを上げ、ワンランク上の仕事をしてほしいと思っているのです。

ついつい同じことを同じやり方でくり返してしまいがちですが、そうではなく、常に「工夫」や「改善」をし、効率やクオリティを上げることが求められているのです。

もちろん働く側の私たちにとっても、工夫や改善の余地のない仕事を続けることは、苦痛です。同じ業務ばかりで変化がなく、つまらなく感じたり、成長できていないのではないかと不安を抱いたりしてしまいます。

これからさらにＩＴ化が進むと、単純な作業は機械にとって代わられます。単純作業の処理スピードは、機械のほうが圧倒的に速いでしょう。でも、機械に改善や工夫はできません。毎日少しずつでも自分にしかできない何かを探してみましょう。

POINT

「何か改善できることはないか」を、
いつも意識する。

30

「仕事がつまらない」と思ったら、動く

「いまの仕事にやりがいを感じられない」
「この仕事を通して、自分が成長できる気がしない」

そんなふうに思ったことはありませんか。

実は私も、新卒で入社した最初の会社で「自分の仕事は決まりきっていて改善の余地はないし、ここにいては成長できない」と感じていました。

でも、あるとき、それは間違いだったことに気づきました。

しかし、ときすでに遅し。

気づいたのは、退社日が決まってからのこと。

私の所属は海外営業部でした。主な仕事は、海外の駐在所に荷物を送る際の書類をつくったり、荷物の届くタイミングを連絡したりすること。

退職のごあいさつとお礼に、いつも電話やメールでやりとりしている他部署の人たちを訪問しました。

商品がストックされた倉庫を見たとき、「私はこれらを船や飛行機に乗せて、送っていたんだ……」と、初めて実感できたのです。

デスクの前で日々、一生懸命想像して改善しているつもりでしたが、百聞は一見に如かず。

この状況がわかっていれば、もっともっと工夫できることがあったはずだと思いました。

また、海外駐在所にいるカナダ人女性に退職することをメールで伝えたところ、「これからどうするの？」との返信があり、一気に打ち解けました。

もっと早く親密なやりとりができていれば、よりよい発送方法や連絡方法など相談できたかもしれないのに……。

自分の仕事は決まりきっていて改善の余地はないなんてことはないし、本当は自分次第でいくらでも成長できたのです。

そのときから、私は必ず、やりとりする相手のニーズを聞いたり、現地を見に行って、話を聞いたりするようになりました。

仕事がつまらない、成長できないと思ったら、動いてみましょう。

いつもメールや電話で話を済ませている取引先にあいさつに行ってみましょう。

自分の担当商品やサービスを扱う現場に行ってみましょう。

自社の業界がわかる本を読んだり、ネットで調べたりしてみましょう。
先輩に相談してみましょう。

POINT

百聞は一見に如かず。行き詰まったら、
会社を飛び出してみましょう。

31

自分の仕事のゴールや役割を理解した提案をする

改善と工夫をするために、もうひとつ、大事なことがあります。

それは、その仕事を「何のためにやっているのか」を知ることです。

会社組織は、目的を持って動いています。目の前の仕事をしていると、「どの仕事も会社の目的のためにある」ということを、つい忘れてしまいます。特に、大きな会社は、部署ごとに細分化され、仕事の全体像が見えにくくなります。

企業の目的とは、究極的には「売上を上げること」です。理想のビジョンやミッションなど各社掲げていますが、それも売上があってこそ実現できるのです。私たちの仕事は売上に直結しなくても、最終的には売上に貢献しています。

「ココは、前年比のデータもつけたほうがいいな」　これでプレゼンもバッチリ!

総務部に所属しているAさんとBさんがいるとしましょう。上司に「昨年の経費についてのデータをまとめてくれ」と言われました。

Aさんは、言われた通り、数字を並べました。

Bさんは、上司に「何に使う資料ですか?」と尋ねました。すると、「経費削減のための役員会があるから、そのための資料である」ということがわかりました。

どうでしょう? 何を目的にした資料かわかれば、Bさんはたんに数字を並べるのではない工夫ができると思いませんか？

できた資料に差があるのはもちろん、AさんとBさんでは、作業そのものへのモチベーションも変わってきます。

資料づくりに限らず、総務が会社にとってどんな存在意義のある部署なのかという認識がある人とない人では、すべての仕事に対する取り組み方が変わってきます。

それは、その人の仕事のクオリティにも大きな影響をもたらすでしょう。


そんなお話を先日、ある研修でさせていただいたら、ひとりの女性がこう嘆いていました。「上司が教えてくれないから、わからないんです。いつも提出する資料が見づらい、もうちょっと工夫しろと言われるんですが」と。

もちろん、目的を教えない上司のやり方も問題があります。

でも、「彼女の資料はイマイチだ」と、残念な評価を受けてしまうのは、彼女自身です。せっかく時間を使って資料をつくったのに、もったいないですよね。

一方で、正社員に抜擢されたある契約社員の女性がいます。その理由は、「正社員と同じ意識で仕事をしているから」でした。

つまり、彼女は正社員と同じ目線の高さで仕事をしていたのです。目線の高さとは、自分の仕事の目的の理解度と言い換えてもいいでしょう。正社員と同じくらい自分の仕事の目的を理解していたので、そのための工夫や提案ができていたのです。

依頼された仕事の用途が明示されない場合は、しっかり確認しましょう。

自分の部署や自分の仕事の役割について、常に意識しておきましょう。

POINT

あなたのその仕事は、売上に貢献していますか？

あなたの部署の役割を果たしていますか？

32

改善案や企画のアイデアは人に話して味方をつくる

「もっとこうすれば、使いやすそう！」

社内の書類の改善案を思いついたあなた。なんだかワクワクしてきました。でもいざとなると、「こんなこと私が言うべきじゃないかも」「反対されるか、聞いてもらえないかも」と不安がわき上がってきます。いきなりは提案しづらいですよね。

そんなときは、いきなり上司に言うのではなく、共感してくれそうな同僚や先輩など、いろいろな人にアイデアを話してみましょう。「こうしたら、とても使いやすくなると思うのですが、どう思いますか？」と聞いてみるのです。

人に話すことで考えが整理されますし、アイデアを教えてもらえることも。同意してくれる人があらわれて、「それ、いいね！」と言ってもらえると自信がつきます。

次に、そのアイデアを左記のように整理して、書き出してみましょう。

- **現状（困っていること、不便なこと）**
- **改善策**
- **期待できる効果**
- **実施スケジュール／期限**

書き出すことで、客観的に自分のアイデアを見ることができます。また、実施スケジュールなどをつくることで、実現可能性についても、考えることができます。

POINT

自信はまわりの共感から生まれる！

33

「未経験だけど任せてみよう」と思われる人になる

やりたい仕事に手を挙げたときに、あなたに任せてもらえる可能性を高めておくことも大事です。たとえば未経験の仕事で、上司が任せてくれる理由はなんでしょう。

❶日頃の態度……いつも一生懸命がんばっているから、きっと最後まであきらめずに結果を出すだろう
❷類似の経験と実績……過去に似たような経験があるから、大丈夫だろう
❸会社の利益にかなう……部署にとっても、よい効果をもたらすだろう

こんなふうに言ってみてはいかがでしょう?

「この仕事、ぜひ私にやらせてください。部長もご存知の通り、日々の仕事で体力には自信がありますし、以前○○のプロジェクトで同じようなクライアントを対応した経験もあります。また、この仕事で得たノウハウを部署で共有することができれば、他の業務の改善にもつながると思います」

特に❸の視点は大事です。たんに「やりたい」では、自分のためのワガママに聞こえてしまうことも、会社視点を入れると、説得力が増します。

やりたい仕事に手を挙げるときは、ぜひこの3つのことを意識してアピールしてみてください。

POINT

会社の利益を考えているからこそ、任せてもらえるのです。

34

あなたの可能性は未知数。怖がらずにとにかくやってみる

新しいことにチャレンジすることを楽しめる人と、そうでない人がいます。

チャレンジが苦手な人は、「失敗が怖い」「みんなに迷惑をかけたらどうしよう」などなど、できなかったときのことを想像して、「やっぱりやーめた」になってしまいます。また、その仕事がどんなものなのか、ちゃんと情報収集する前に、自分のイメージで、「無理！」と思ってしまうのです。

「営業やってみたら？」

実は私も、事務職をしていた頃に、上司から営業の仕事を打診されたことがあったのですが、即座にはっきりきっぱり断ってしまいました。理由は、「私にそんなことで

きるわけがない。営業ってたいへんそうだし」でした。

しかし、あるとき、ちょっとした事情で、取引先を1人で訪問することになりました。思わぬところから生まれた初めての営業です。そのときの感想は、「あれ？　営業って思っていたよりもいいかも」でした。

緊張はしましたが、お客様とのやり取りは楽しかったし、結果を出せた達成感もありました。結果が出ないことを最初から想定していたから営業として数字を持つことも、たいへんだと思っていたのですが、逆に、受注すれば、それがそのまま評価につながることがわかったのです。……やってみないとわからないことだらけでした。

「異動を打診されているのですが、不安です」という相談は、実際よくいただきます。

そんなときの私のアドバイスは、「まずはやってみたら？　違ったらそのあと考えればいいのでは？」です。

これは、私自身の経験だけでなく、多くの経験者の声からも言えることです。

「異動したくなかったけれど、いままでのマンネリ化した職場よりも、心機一転、人間関係や仕事内容を変えたことは、案外悪くなかったかも……」という声も聞きます。

一方、ずっとやりたい仕事だったのに、「やってみたら思っていたのと違った」という方も。そう、やってみないとわからないのです。

最近では、管理職を打診される女性も増えています。最初から、「私には無理です」と断る方もいますが、これも、まずはやってみることをおすすめします。

それでも不安だという方は、すでに管理職の経験をしている、会社の先輩や、知り合いに話を聞かせてもらうとよいでしょう。

- **管理職になると何が違うのか？**
- **やりがいは？**
- **たいへんなことは？**

新しい仕事は、まだ未知の世界ですから、できるかどうか、やりがいを見いだせるかどうか、自分に合うかどうか、どんなに想像しても、すべてやってみないとわかりません。

リサーチした内容からある程度イメージしたら、思い切って引き受けてみましょう。

やってみて無理だったら、そのとき、どうしたらいいか考えればいいのです。大丈夫。さあ、一歩踏み出してみましょう。

POINT

やってみないとわからない。
やってから考えましょう。

35

常にアウトプットする

キャリアカウンセリングに来る方の中に、いろいろなセミナーに行くのが好きな人がいます。きっと自分磨きが好きで、新しい知識を得るのが好きなんだと思うのですが、「もったいないな」と思う人がいます。

それは、そこで得た知識やスキルを仕事で活かしていない人です。せっかく学んでもそのこと自体に満足して終わりになっています。

会社ではアウトプットすることが評価されます。意見を言う、提案をする、誰かに教えるなど、何かしらの形で働きかけなければ、それは何もしていないのと同じです。どんなに勉強熱心でも、誰も評価してくれません。

何か学んだら、その知識をとにかくアウトプットしてみましょう。「最近○○という本を読んだんですけど……」と、上司との雑談で話す程度でもいいと思います。話すことによって相手から反応があって、次はこの本を読んでみようとか、こんなセミナーに行ってみようといった、次のインプットにつながります。

そうやって常にアウトプットする練習をしていくうちに、インプットしながら、「この事例はうちの会社でも使えるな」とか、「この情報、○○さんに教えて上げよう」などと考えられるようになるはずです。

「○○さんは勉強熱心」という評価も、自然に得られるでしょう。

POINT

何か学んだら、
どんな形でもいいから人に話してみる。

COLUMN 04

気持ちのいい朝の始め方

STEP5でもいくつか紹介しますが、朝気持ちよく会社に行くためのヒントをまとめてみました。

ラジオ体操で、体を目覚めさせる

朝6時25分から、NHK（Eテレ）の番組が始まります。とにかくベッドから出て、体操をしてみましょう。ストレッチをしているうちに背筋が伸び、だんだんと目が覚めてきます。

朝の光で洗濯ものを干す

平日の洗濯は、夜帰宅してからする人が多いようですが、少し早く起きて朝するのがおすすめです。起床したらとにかく洗濯機のスイッチを入れたり、前日の夜に予約しておけば、他のことをやっている間に洗い上がっています。朝の気持ちのいい日差しの中で干しましょう。

その日の気分に合わせた香りをまとう

オフィスでは、香水は少し強すぎる場合があります。もう少し控えめで自分だけがわかる香りをまとってみましょう。

- ボディクリーム（私は5〜6種類常備し、気分に合わせて使っています。ロクシタンなどがおすすめです）
- 石けんやハンドクリーム（ハンドクリームなら、デスクで使うこともできるので、気分転換にもよいでしょう）

気分が上がる朝食を食べる

朝食については、食べないほうが調子のいい人もいます。自分の体や習慣に合わせましょう。

食べる派の人は、美味しいパンを買ってきておいたりすると、わくわくして目を覚ませそうですね。その他、ときには自宅や会社の近くのカフェなどでモーニングを食べてからの出社もおすすめです。

その他、休日に新しい服を買ったり、ネイルをしたりしておくと、月曜の出社が楽しみになります。

ハッピーな1日を送れるように、自分なりの「気持ちのいい朝」のつくり方を試してみましょう。

気持ちのいい朝にしてくれるヒント&おすすめグッズ

NHK のラジオ体操

毎日6:25 ~ NHK（E テレ）で放送しています。学生時代に習ったことを意外に体が覚えていて、楽しく取り組めます。NHK ラジオ第一でも 6:30 ~放送。

ロクシタンのヴァーベナ ファーストキット 3888 円

様々な香りがあるロクシタン。人によって好みは違うかと思いますが、この香りは、リラックスしたいときにおススメです。周囲の人も癒してあげられる香りです。

STEP

5

自分の感情をコントロールする

BEFORE

「落ち込みやすい」

「イライラする」

「自分に自信がない……」

感情に振り回されて
仕事もうまくいかない……。

AFTER

意識的にポジティブな
言動をしたら、
気持ちが追いついてきた。
大事なプロジェクトの
メンバーにも入れそう！

36

自分を過小評価せず、認めてあげる

「女性の部下は、もっとほめてあげてください」

これは、男性管理職向けの研修で、私がいつもお願いしていることです。

男女の違いとして挙げられることのひとつに、「自己評価の差」があります。

女性は自己評価が低くなりがちで、仕事はできるのに自信を持てない人が多いので、ほめすぎるぐらいでちょうどいいのです（一方、男性はほめると調子に乗るという傾向が！）。

いかにも自信がなさそうなふるまい、あなたもしていませんか？

たとえば、人前に出ると、萎縮して、語尾が小さくなってしまう。

研修などでランダムに参加者の方をあてることがあるのですが、その人自身が消えてなくなっちゃうのではないか、と思えるくらい聞こえない人がいます。

他の受講者も聞こえないから、口の動きに集中しようとその人に視線を向けます。すると、注目されていることによって、さらに焦って、ますます自信がなさそうに……。

しかし、よく聞いてみると、いい意見を言っていたりするのです。もったいない!!

STEP2でも書きましたが、誰にでも強みや実績はあります。

「何の資格を取得すればいいでしょうか?」というご相談の裏側には、「私には何の武器もない。なんとか強みを身につけなくちゃ……。そうだ、資格だ!」という自信のなさと、そんな自分への焦りがあるようです。

自己評価が低い人は、まじめな努力家の方が多い印象があります。

周囲から見たら十分にできているのに、自分に厳しく、なかなか自分を認めてあげません。

でも、それじゃせっかくがんばっているあなたがかわいそうです。

また、あなたの能力ならできると思って仕事を任せたいのに、「いえ、私なんて」と尻込みされては、会社も困ってしまいます。そのうち、新しい仕事ややりがいのある仕事を頼まなくなります。


とはいえ、いきなり自信を持て、と言われても難しいですよね。

最初は、態度から変えていきましょう。自信があるようにふるまうのです。ポイントは、「自信がなくて当たり前!」「失敗したっていいじゃない」と割り切ることです。

人前で発表するときは、たとえ自信がなくても堂々と意見を言ってみましょう。

- **姿勢を正す**
- **顔を上げる**
- **大きな声ではっきりしゃべる**

それだけで、自信があるように見えます。

ふだんから、自分の姿を鏡でチェックし、胸をはって一歩一歩しっかり歩くようにしましょう。また、お化粧や、服装を明るい雰囲気にするのもいいでしょう。

すると、不思議なことに周囲のあなたを見る目が変わってきます。

あなたの存在や意見を尊重してくれるようになります。堂々としたふるまいをする人には、それに見合った仕事や出会いが舞い込むものです。

そして、その結果、成果が出れば、それがあなたの本当の自信になるでしょう。

POINT

自分の努力を認めてあげましょう。自信がなくても、自信があるようにふるまってみましょう。

37

「感情手帳」で、自分のモチベーションを上げるツボを知る

「ついネガティブ思考に入っちゃうと抜け出せないんです」
「悪いほうにばかり物事を考えちゃって」
「将来のことを考えると不安になっちゃって。明るい未来がイメージできないんです」

そんなセリフをたびたびキャリアカウンセリングで耳にしますが、この気持ち、よくわかります。悩みごとがあると、ついついネガティブなことばかり考えてしまう。

でも、ネガティブ思考に陥ると、自分自身が疲れますよね。あれこれ悩み出すと、きりがありません。楽しいテレビ番組を見て、気を紛らわそうと思っても、気づくとふっとイヤなことを思い出してしまったり……。

人の言葉にも影響を受けることってありませんか？

たとえば、隣の先輩がいつもネチネチ後輩に嫌味を言っているのが聞こえたり、誰かの悪口三昧だったりすると、なんだか自分まで落ち込むのではないでしょうか。

実は女性は男性に比べると、人生で3割悲しみを感じる時間が長いんだそうです。これは自分の感情をうまくコントロールできないだけでなく、周囲の感情までもらってしまうから。

もちろん共感することは、人間関係を構築する上でとても大事なことですが、自分の気持ちにも、周囲の気持ちにも振りまわされっぱなしでは疲れてしまいます。

感情に支配されないためには、「感情手帳」で自分の気持ちを整理するのがおすすめです。まず、「ポジティブ」と「ネガティブ」の項目をつくり、ポジティブになったとき、ネガティブになったとき、それぞれ何があったのか、出来事を書いていきます。すると、自分のパターンが見えてきます。

何があると、感情が揺れるのか。それは、人によって異なります。

人間関係が要因の人もいれば、仕事の目標達成が要因の人もいます。

たとえば、ある人は納期が短かいなど納得できない状態で提出しなくてはならないとき、とことんモチベーションが下がって自己嫌悪に陥るそうです。

人間関係がよいときは毎日が楽しいけれど、仲のいい同僚が辞めたとたん、仕事にまで影響が出るくらい落ち込んで、会社に行くのがイヤになったという人もいます。

自分の感情のクセを知り、モチベーションが上がるツボを見つけておきましょう。

POINT

いつもいい状態で仕事に臨むのが社会人のたしなみ。自分のこと、もっと知ってみましょう。

「感情手帳」をつくってみよう

ポジティブ	ネガティブ
●自分の企画が採用された ●後輩からランチに誘われて、仕事のことやプライベートのことなど、いろいろ相談された ●3年かけて取り組んでいたプロジェクトが成功に終わった ●先輩から、いつもがんばっているからとお菓子をもらった ●気になっている他部署の彼から、あいさつしてもらえた	●大きなミスをして、周囲に迷惑をかけた ●会議で私の意見が通らなかった ●がんばっているつもりだったが、人事査定が低かった ●同期の子が結婚するらしい（独身はあと3人だけ……） ●忘年会の幹事をすることになったが、もうひとりの幹事があまり好きじゃない ●取引先からのメールが最近事務的。 怒らせちゃったかな……

私って…

●ほめられたり、評価されたり、
頼りにされるとポジティブになる

●認められなかったり、
周囲から冷たくされるとネガティブになる

38

「魔法のポジティブワード」で自分もまわりもハッピーにする

あなたは、友人と仕事帰りに食事をすることになりました。

彼女はストレスがたまっているらしく、会うやいなや、会社や上司の悪口が始まり、止まりません。セリフの中には、「あいつ、ほんっとむかつく」「うちの会社はバカばっかり」「仕事も会社も全部嫌い」などネガティブワードが盛りだくさん。

聞いているあなたは、最初のうちは笑ったり、親身になってなだめたりしていましたが、それが1時間、2時間続くとどうでしょう？ さらに、「ねえ、次、いつ会う？」と言われたら？ ぞっとしますよね。

女性は、男性よりもたくさんの「感情ワード」を使っています。たとえば、「イヤなんです」とか「うれしいです」「つらいなあ」とか。

一方、男性は、これらの感情を表す言葉をあまり使わない傾向にあります。特に年配の男性は、「男たるもの感情を出すな！」と言われた世代なので、言葉にすら出さず、飲みこむ人も多いのです。

ビジネスの場では「個人の感情を持ち込むべきではない」という暗黙のルールがあり、「女性が感情的で困る」と言われる背景には、そのあたりの違いがあるようです。

感情ワードが多いこと自体は、決して悪いことではありません。しかし、その言葉は、あなたにもあなたの周囲にも大きな影響を及ぼします。愚痴は、聞いているほうも気が滅入ってしまうし、言っている本人もどんどん卑屈になっていきます。

あなたが使う言葉は、あなたの性格や状況をそのまま表します。

この人と会話すると、なんだか幸せになれる、前向きになれる、という人は、実は感情ワードの中でも「ポジティブワード」をたくさん使っています。

言えば言うほどハッピーになる！　ポジティブワード

うれしい・楽しい・ありがとう・ありがたい・しあわせ・感謝・ラッキー・ハッピー・チャンス・あーよかった・助かる（助かった）・元気になれた・あなたのおかげ・いいね・いい考えだね・素敵

そうはいっても、いつもポジティブに考えられるわけではありませんよね。

まずは、心の中ではネガティブにしか考えられないことでも、発する言葉をポジティブにしてみることから始めましょう。

たとえば、突発的な仕事を頼まれて、「面倒くさい。イヤだなぁ」と思っても、「お役に立ててうれしいです。がんばって片付けましょう！」と言ってみましょう。

極端に言うと、「最近仕事が楽しくないなぁ」と思ったときほど、「楽しいです！　いろいろチャレンジしてみたいです」と言ってみるのです。

私も、なるべくポジティブワードを使い、楽しそうに仕事をすることを意識していたら、「藤井さんとの仕事が楽しかったので、またご一緒したいとずっと考えていました」と言われたことがあります。ありがたいことにお仕事をリピートしていただいたのは、ポジティブワードのおかげだったのです。

あなたの発した言葉は、まわりの人の耳に入り、彼らの気持ちを明るくします。そして、ポジティブワードをくり返し使っていくうちに、いつのまにか、ポジティブな人たちや楽しいことがあなたのまわりに集まってくるでしょう。

ポジティブワードはビタミン剤。自分と周囲を元気に幸せにします。

POINT

使えば使うほどお得な「ポジティブワード」。とにかく口に出すことから始めてみましょう。

39

なぜか人が集まる「いつも機嫌のいい人」になる

「自分から人に話しかけるのが苦手で……。私、人見知りなんです」

事務職をしているある女性の言葉です。

いまの仕事を選んだのは、人と接することが苦手で、営業や販売なんて無理だと思ったから。事務だったらコツコツとひとりで仕事ができると思ったからだそうです。

でも、人が嫌いか、というと、そんなことはなく、話しかけられたらうれしいし、職場の人ともっと仲良くしたいし、飲み会などにも行ってみたいと思っています。

この気持ち、よくわかります。実は、人間関係を大切にしたい人ほど、「話しかけて嫌われたらどうしよう」「自分なんかが誘っても楽しくないかもしれない」「相手に迷惑をかけてしまうかも」などと考えて、自分から話しかけることができないのです。

自分から誘うのは苦手だから、できれば誘ってほしい。このわがままをどうしたらいいでしょうか。答えは、「みんなから気軽に話しかけられる人になる」です。

話しかけられやすい人の特徴を挙げてみましょう。

- **感情の起伏が激しくなく、いつ話しかけてもフラットに対応してくれる。**
- **「ちょっといいですか？」と話しかけると、仕事中でも「何？」とすぐ手を止めて、目を合わせてくれる。**
- **いつもニコニコしている。**
- **話をさえぎらず「うんうん」と一生懸命聞いてくれる。**
- **食事や飲み会に誘うと、「うれしい！」とすぐにOKしてくれる。**
- **予定が合わないときも「次回はぜひ」と言ってくれる。**

いつもゴキゲンな人には自然と人が集まってきます。

特に最後のポイントは大事です。自分から誘うのが苦手、でもみんなと一緒にどこかに行きたい、という人は、誘われたら都合が合う限り断らないようにしましょう。

ちょっとずるいですが、「みんなでご飯を食べにいきたいですねー」くらいまでは自分で言って、最終的に相手に誘わせる、という手もあります。

食事や飲み会に行ったら、無理にしゃべろうとしなくても大丈夫。それよりも、みんなの話を一生懸命聞く、という役割を担いましょう。たくさん笑ってあいづちを打って、「あの人がいると、場が和むよね」と言われる、そんな存在になってみましょう。

ある研修で、自分から積極的にしゃべらない人がいたのですが、同じグループの人は、彼のことを「暖炉のような人ですね。ホッとします」と評していました。

たくさん話したい人がいれば、それを聞いてあげる人も必要なのです。

仕事の場面でも、「いつでも話しかけていいよ」という穏やかなオーラが出ている人は、みんなから頼られます。ちょっとした相談やアドバイスを求めて、みんなあなたのまわりに集まってくることでしょう。

POINT

いつでも機嫌よくブレない。
そんなあなたのまわりには、
いつのまにか自然に人が集まります。

40

「ありがとう」と言われなくても落ち込まない

「ありがとう」と言われると、うれしいですよね。

特に、自分の実績が目に見える営業のような職種以外の人にとっては、周囲からの感謝の言葉が仕事のやりがいや、モチベーションの源になることが多いと思います。

自分が「ありがとう」と言われてうれしい人は、他人がしてくれたことにも感謝の言葉を忘れません。感謝されるのが好きな人同士だと、共通言語が「ありがとう！」になり、相手に対しても、自然に感謝の言葉が出てきます。

しかし、この言葉がなかなか出てこない人もいます。

特に、年配の男性は、あまり「ありがとう」と言わない傾向にあります。言わなくてもわかっているだろうとか、言うのが照れくさいなどの理由のようです。

もし、あなたの上司がこのような人だったら……。きっと、「せっかく◯◯してあげたのに、何なの？　感謝の言葉ひとつないなんて」と思うことでしょう。

また、最初は感謝してくれていたのに、いつのまにか、やって当然と受け取られるようになってしまって、「ありがとう」がなくなることもあります。

仕事に限らず、カップルでも、最初は手料理に感激していた彼が、いつのまにか、彼女がつくって当然、という態度になるというのは、よく聞く話です。

世の中、慣れてしまうと、「感謝」を忘れがち。そのために、わざわざ「日常の当たり前のことに感謝しよう」なんてセリフもよく耳にしますよね。

社会人のマナーとして、何かしてもらったら、お礼の言葉を言うのは当然のことです。でも、同時にお給料をもらって仕事をしているのですから、お礼を言われなくてもしっかり仕事をするのも当然のことです。

「ありがとう」と言われることを期待し過ぎないようにしましょう。言われなくて落ち込んだり怒ったりするのではなく、言われたら、「ラッキー！」とか「この人はいい人だな」とプラスに捉えましょう。

それでも、やっぱり「ありがとう」と言ってもらいたいという方に、その秘訣を2つお伝えしましょう。

❶自分から「ありがとう」を伝える

メールでのやり取りを減らし、直接電話したり、対面で会話する量を増やしましょう。そして、相手の目を見て声を聞いて、まずは自分から感謝の言葉を伝えましょう。

それはきっと、自分に返ってきます。

❷「ありがとう」と言ってもらえるような仕事をする

思いやりを忘れずに、工夫や改善を続けましょう。きっといつか、「すごい！　ありがとう！」と言ってもらえるはずです。

相手から感謝されることがモチベーションになるということは、悪いことではありません。でも、どんなにがんばっても、相手に感謝を強要することはできませんよね。

そのせいで、1日不機嫌になってしまったら、もったいないです。

感謝はボーナスと捉えて、そのことで一喜一憂しないようにしましょう。

POINT

「ありがとう」と言われたら、ラッキー！
ボーナスだと捉えましょう。

41

「言わなくてもわかってくれる」「察してくれる」と思わない

以心伝心の文化は、日本の特徴。「サザエさん」でも、フネさんが、波平さんの言わんとしていることを「あー」とか「そのー」のあうんの呼吸でわかるのも素敵です。

しかし、これは長年連れ添った夫婦だからこそできることです。特にフネさんのほうが、波平さんの気持ちを読む力に優れ、一挙手一投足から、次の行動や気持ちがわかるようになったのではないかと思います。

さて、この以心伝心、仕事では御法度です。

商品の納期や役割分担など、関係者全員に確実に伝わるようにしなければなりません。何でも言語化し、文書化し、万が一にも間違いがないようにするのが当然です。

「どうしてわかってくれないの!」 ピリピリすると、周囲の人も困ってしまいます。

しかし、ついつい職場でもこの「言わなくても察してほしい」というコミュニケーションをしてしまうことがあります。

特に、気をつけたいのが女性です。日本では、女性は主張しすぎず男性についていくほうがよいという伝統的な規範がありました。そのため、日本女性は「言わなくてもわかってほしい」「察してほしい」という気持ちが強い傾向があります。

恋愛本などでは、好意をそれとなくにおわせて男性に告白させる方法がよく指南されています。が、それはあくまでも恋愛においてのもの。仕事場でも、察してほしいでは困ります。

さらに、男性は女性よりも察する能力は低いと言われています。一説によると、女性は子育てという役割を多く担ってきた歴史から、相手の言葉のトーンや顔の表情変化に気づきやすいそうです。一方、男性は、事実から物事を判断します。

たとえば、女性の部下が「大丈夫です」と言いつつも実はたいへんそうな表情や声のトーンで「手伝ってほしい」という気持ちを暗に示しても、男性上司は、「本人が大丈夫って言っているんだから大丈夫なんだろう」と思いがちです。「全然わかってくれない。見ればわかるじゃないですか」と言われても、本当にわからないのです。

性別だけでなく年齢や教育、性格も異なる人たちがひとつのチームになるのです。フネさんと波平さんは、いつも一緒にいるから察することができますが、社会に出るまでに、私たちはお互い、さまざまな経験をしています。

同じ言葉を発しても、意味合いが違うことがあって当然です。

また、これからの日本を考えると、ますますグローバル化が進み、まったく違う文化や言語を持った人たちと席を並べて仕事をしていくことになります。よく、欧米人はアピール力が高い、と言われますが、異文化が混在した社会で暮らしていく中で、自分の考えや意見を積極的に言うことの大切さを無意識にわかっているからではないでしょうか。

「どうしてわかってくれないんだろう」と思ったら、要注意。いつのまにか「察してチャン」になってしまっています。自分から言語化しましょう。

POINT

言わなくても伝わるなんて、エスパーです。会社で魔法は使わないようにしましょう!

42

悩むときはとことん悩む

悩みがないってどんなときでしょう？

これ以上の幸せはない、というくらいのパートナーとめぐり合ったとき？

仕事がうまくいったとき？

そういう絶好調のときもありますが、「忙しすぎて悩む暇がない」という場合もあります。

私のところへキャリアカウンセリングにいらっしゃる女性が多いという話を、ファッション雑誌の編集をしている方にしたところ、「みんな、そんなに悩んでいるんですか

⁉」とびっくりされていたのですが、彼女が悩んでいない理由は、たんに忙しすぎて、悩む時間なんてないから、でした。

また、お子さんが生まれたばかりの方も、「育児と仕事の両立が忙しすぎて、悩んでなんていられない」とおっしゃっていました。


悩む暇がないほど忙しくする。

これもひとつの解決法と言えそうですね。うまくいっているのに、なんとなく悩むために悩んでいるという状態に陥る人にはおすすめかもしれません。


でも、悩みがないわけではないのに、忙しすぎて自分を見つめる時間がないという場合は要注意です。

悩みがなくて充実しているつもりでなんとなく毎日を過ごしていたら気が付いたら○○歳になっていた！　なんてことも。

私は、定期的にちゃんと悩むことが大事だと思います。悩みどころを見過ごさないようにしましょう。

たとえば、いままでうまくいっていたことなのになぜか急につまずいてしまったり、環境が変わっていままでと同じやり方では対処できなかったりするとき、ここは悩みどころです。

これをどう乗り切るか、どんな選択肢があるのか、どれが正解なのか。最初は五里霧中で、自分にああでもない、こうでもないと問いかけます。

一歩踏み出す前は、行きつ戻りつ、本当に疲れる時間です。「もうイヤ！」と叫んで、すべてを投げ出したくなりますよね。

しかし、ここでしっかり立ち止まって悩むことは、きっとあなたの成長につながります。

キャリアカウンセリングでも、一緒にとことん悩むと、「こんなに自分について考えたことはなかったかも」とおっしゃる方も。

そうなんです、自分のことを考えるよいきっかけなのです。

そして、悩むときは中途半端になんとなく悩まず、「よし、悩むぞ！」と腹をくくってください。

友人の相談なら、簡単にアドバイスができますし、せっかくアドバイスしたのに、その友人が「でもさあ……」なんて躊躇している場面、よくありますよね。

残念ながら、自分のこととなると、合理的に考えづらいものです。

頭ではわかっているんだけど、どうしても気持ちがついていかないことは、よくあるものです。

悩むときは、とことん、自分の気持ちにつき合いましょう。

「よし！　これで行こう」と思ったことも、翌朝には、「やっぱりなあ……」と引き戻されることもありますよね。

それでもいいのです。

そんな気持ちの揺れも大事にしてください。あれこれ悩むうちに、だんだん気持ちが整理されてきます。

人に相談してみるのもよいでしょう。自分ひとりで悩んでも、どうしても知識や経験の限界があります。

そんなとき、相談する相手は友人や家族ではなく、いま、あなたが悩んでいることをすでに乗り越えたことのある人にしましょう。

同じレベルの知識や経験の友人に相談しても、同じ情報で一緒に悩むだけで解決までは到りません（もちろん、共感はしてくれますが……）。

大丈夫。
きっと未来のあなたが見ていたら、「たくさん悩んだから、いまの私があるのよ」と言ってくれるはずです。

POINT

ちゃんと悩むって、けっこうパワーがいります。食事と睡眠はしっかりとりましょうね。

43

オンとオフの気持ちの切り替えをする

仕事にプライベートを持ち込まない。

これは、社会人として当然のルールです。

でも、なかなか思うようにいかないこともありますよね。

仕事のことはプライベートに、プライベートのことは仕事に影響を与えます。ひとりの同じ人間ですから、当然のことです。

これが相乗効果になって、どちらも乗っているときはよいですが、逆のときはつらいですよね。

「彼女は、プライベートのことが仕事に出やすいから、安心して仕事が任せられないよ。誰が見てもわかるくらい、いいときと悪いときの差が激しくて。調子のいいときは、誰よりもいい仕事をするんだが、落ち込むようなことがあると、ケアレスミスの連続。先日は、さらに大きなミスをしてしまった。本人も相当落ち込んで、翌日、会社を休んでしまって。どのように指導したらいいのだろうなぁ。決してやる気がないわけではない、むしろやる気があるから、困っているんです」

部下の女性について、このように悩む上司の相談を受けたことがあります。

また、これはご本人からですが、こんな相談もありました。

「仕事がうまくいかないと、つい、親や恋人に当たってしまうんです。彼も、『そんなに機嫌が悪くなるような仕事なら、辞めちゃえば?』って言うんですが、仕事が全部イヤなわけじゃない。やる気はあるのに、失敗したり、同期に負けたりすると、悔しくて悲しくて。で、彼に八つ当たりしちゃう。これが毎度のことで、彼には悪いと思っているんですが、どうしても感情が抑えきれなくて」

まじめな人ほど、うまく切り替えができないようです。
仕事もプライベートもがんばっているからこそ、うまくいかないことに苛立ち、悔しさを感じてしまうのです。

これらの例ほど極端ではなくても、たとえば朝は調子が出ないから、仕事の相談や依頼をされても邪険に断ったり、不機嫌な顔をしたりしていませんか？
感情のアップダウンがあると、周囲はあなたに気を遣います。顔色をうかがい、いま、機嫌がいいかを確認し、おそるおそる仕事を依頼する。

そう、あなたは「ちょっとめんどうな人」になってしまっています。

あなたを大事に思い、それでも関わってくれる人はたくさんいるはずですが、周囲だって振りまわされるのはたいへんです。

その結果、ここぞという重要な仕事は、あなたではなく、いつも機嫌よく引き受けてくれる安定感のある人にお願いすることになるでしょう。

「なんだか最近、仕事を頼まれないな」と思ったら要注意。自分の対応を見直してみましょう。

仕事で感情を出してしまっても周囲の人たちから大目に見てもらえるのは、せいぜい20代半ばまで。

それに、後輩たちは、あなたのふるまいを、よくも悪くもお手本としてしっかり見ています。

ここはひとつ、大人の女性になる必要があります。

大人とは「自己管理がきちんとできる人」ということです。自己管理の中には、タイムマネジメント、健康管理、そして気持ちの管理があります。

まずは、仕事とプライベートをちゃんと切り分けましょう。それぞれの感情は、持ち越さない、持ち込まない、と決めます。

仕事とプライベートを切り分けるためのスイッチングタイムは、通勤時間がおすすめです。

会社に向かう電車の中では、今日1日の仕事のスケジュールを確認したり、ＴｏＤｏを洗い出したりして、お仕事モードにスイッチ。

帰りの電車では、仕事のことを忘れられるような本を読んだり、リラックスして音楽を聞いたりしてみましょう。最寄り駅のカフェで1杯コーヒーを飲む、というのもいいですね。

仕事とプライベートの間で一息つく時間をつくってみましょう。

仕事が忙しくてバタバタしている人は、勤務後は、ワンテンポゆっくりの動作にしてみるのもよいですよ。
人それぞれ、いろいろなスイッチ方法がありますので、試してみてくださいね。

POINT

できる女は感情の管理もできる人。
いろいろ試してみましょう。

44

叱られ上手は成長する

あなたは、上司や先輩からよく叱られるほうですか？
それとも、あまり叱られないほうでしょうか？

誰だって、叱られたり注意されたりするのはできれば避けたいですよね。
でも、みんな最初はわからないことだらけで、失敗したり悩んだりするものです。叱るというのは、そんなときのアドバイスでもあるのです。

「たくさん叱られたほうが成長する」とよく言われるのは、たくさんのアドバイスをもらえるからです（過度に感情的になったり、個人の好き嫌いで怒鳴ったりするのは、ここでは「叱る」とは言わないことにします）。

というわけで、たくさん叱られたほうがいいと私は思うのですが、実は私が上司から受ける相談で多いのは、「叱りにくい部下」についてです。

「叱りにくい部下は、こちらは注意のつもりで言ったのに、泣き出したりされるのが困ります。そのあとも、引きずっている様子がありありとわかるんです。こちらもいい気持ちはしないので、関わり方が慎重になってしまう。正直、叱りやすい部下のほうが、指導しやすく、成長してくれます」

部下も叱られるのはイヤだと思いますが、上司も悩んでいます。

セクハラやパワハラが取り沙汰される昨今、泣かれたり恨みを買ったりするのは避けたい。

でも、部下の成長や仕事の業績のためには言わなければならないし……。

一方、叱られる側の部下からは、こんな声を聞きます。

「叱られると、勝手に涙が出てきてしまうんです。上司が困っているのもわかるんですが、抑えきれなくて……。悲しい、怖い、というよりも、自分ができないことに対する悔し涙だと思うんです」

「注意されると、私の全人格がダメ！　と否定されたような気分になって落ち込んでしまいます」

昔に比べると家庭や学校などで叱られた経験が少ないため、叱られ慣れていない人も多くなっています。

その結果、上司は注意しただけのつもりなのに、受け手の部下は、怒られた、自分を否定されたというように感じることもあります。

特に、あまり叱られ慣れていないまじめな人や優等生だった人は、注意されたことを深刻に捉える傾向にあります。

また、女性はさまざまなことを関連付けるという特徴があるため、注意された「行動」と「自分そのもの」を切り離すことができず、自身や過去の実績も否定されたと思ってしまうことがあります。

女性を注意するときは、漠然と「よくない」などと言うのではなく、仕事の結果や進め方など、何を改善すべきかできるだけ具体的にフィードバックする。これは、私が女性の部下を持つ上司の方にいつもお願いしていることです。

さて、一方、叱られ上手はどうでしょう?

「ごめんなさい! 次は気をつけます! ありがとうございます」と、謝って気持ちを切り替えられる人が叱られ上手です。これだと、注意するほうの気持ちの負担も少ないようです。

私の部下にも、叱られ上手な人がいました。

彼女は、叱られるようなことをたびたびしでかすのですが、「ダメでしょ」と言うと、「すみません！」とすぐに謝り、もう次からは、平気で彼女から私に話しかけてきたものです。


気持ちを切り替えるのは、なかなか難しいものです。

すぐにはできないかもしれませんが、少しずつ受け入れられるようになっていきましょう。

辛いかもしれませんが泣き出したり、私のせいではないと言い訳したりするのをぐっとこらえましょう。


注意する上司や先輩も、ダメなことをあえて言うのは、気持ちのいいものではありません。

でも、あなたのために、部下の成長のために言ってくれているのです。
ありがたいと思うようにしましょう。

POINT

叱ってもらえるうちが花。
叱られ上手になって、どんどん成長しましょう。

45

失敗談の魔法で心を開いてもらう

同僚や後輩、上司のこと、どれくらい知っていますか?

ウワサ好きの職場で、恋愛関係から過去の失敗まで、すべて知られているというのもやりにくいかもしれませんが、プライバシーを大事にするあまり、仕事の話しかせず、どんな人なのかがわからないまま一緒に仕事をすることも最近は多いようです。

その結果、「伝えたのに、全然わかってくれない」「どういう人かわからないから、何をお願いしたらいいのかわからない」なんてことに。

一緒に働く相手が、どんなことに興味があって、何が得意で、不得意なのか。どんな家庭環境なのか。これらを知っていれば、スムーズに協力し合えます。

「アイスクリームを落としてね……それでね……」　失敗談でも、独演会はNG！

たとえば、「○○さんはこんな強みがあるから、これをお願いしよう。でも、こんなことが不得意だから、それは私がやっちゃったほうが早いかな」というようなことです。

また、どんな家庭の事情を抱えているのか、お互いわかっていれば、フォローしやすいこともあります。

「○○さんは、介護が必要な親がいる」とか、「3歳の子どもがいて、延長保育は○時まで」などの事情が最初からわかっていると、よけいなやりとりをしなくて済むことがたくさんあります。

「でも、なかなか聞きにくい話もありますよね。どうやって相手に心を開いてもらったらいいんでしょうか……。あまり話したがらない感じもします」

たしかに聞きづらい相手っていますよね。そして、聞き方も難しいです。

相手に心を開いてほしいときは、まずは自分の話からしてみましょう。

管理職研修で上司のみなさんにまずお願いしているのは、「自己開示」。

実は、上司自身が「閉じている」ことがよくあるのです。

「そんな姿勢で、部下に心を開かせようとしても無理ですよ、自分の話をどんどんしてください。あ、でも、武勇伝はダメですよ。プライベートの悩みとか、仕事の失敗とか、うれしかったこととかを話してください」。そんなふうにお願いしています。

私も研修の際、みなさんに自己紹介していただく前に、私自身の話をします。その内容は、過去のダメだった経験、プライベートの話、などなど。

そうすると、受講者のみなさんも自己開示しやすくなるのです。「あ、そこまで言っていいんだ！」となるわけです。さらに、グループで誰かが自己開示を始めると、実は私も、私も、とみんなが乗っかっていきます。

先日も、あるチームのひとりが失恋話をしたら、「私だって以前……！」と、不幸自慢大会に！　あっという間に仲のよいグループになっていきました。

まずはあなたが自分の失敗談やプライベートの話をオープンにすることで、相手も話していい自分の情報を出してくれるのです。それでも話してくれないようなら、それ以上は踏み込む必要はありません。相手が言いたくないことは、それ以上詮索せず、待ちましょう。きっとそのうち話したくなったら話してくれます。

POINT

自分のことを話すの、ちょっと緊張しますよね。相手も、きっと同じです。

46

相手を受け入れる「聞き上手」になる

この人には気を許せる、と思うタイプはどんな人だと思いますか？
ひとつは、前項の失敗談など自分のことを裏表なくオープンにしている人。
もうひとつは、「相手を受け入れる姿勢のある人」です。

あなたの発言をイチイチ訂正し、否定する人がいたら、「受け入れてもらえない」と感じませんか。いつも「でもさ……」から話し始める人、ときどきいますよね。
私の知り合いにも、こちらが発言する前から反論体制に入る人がいます。相手の意見や気持ちを受け入れるつもりがなく、次に自分が何を言って上に立とうか、常に考えているのが丸見えです。

本人は勝ったつもりになっていますが、残念ながら、困ったときに周囲からサポートをもらえません。そのため、いつもひとりでシャカリキにがんばっています。そして、「どうしてみんな、私のことをサポートしてくれないんだ!!」と怒っています。

自分のことを打ち負かそうとしてくる人を助けるメリットなんてないので「そんなに自分が正しいと思っているなら、自分ひとりでやれば」となってしまうわけです。

信頼関係は、お互いを受け入れ合って初めて生まれるのです。いつも「そうだね」と話を聞いてくれる人なら、困っているときサポートしようかなと思うはずです。

POINT

会話は、勝ち負けではありません。まずは、あなたが相手を受け入れましょう。

47

嫌いな人を無理に好きにならない

「人間関係をよくする＝すべての人を好きになる」ということではありません。

私たちは人間です。感情があります。好き嫌いがあります。得意な相手、苦手な相手がいて、当然です。

まわりの人もそうです。あなたのことをみんなが好きになってくれるわけではありません。

でも、「女の子はみんなに好かれなくてはならない。みんなと仲良くしなくてはならない」と育てられた人も多いですよね。実は、これが人間関係の苦しみの理由になっていることもあります。

私のキャリアカウンセリングに来られた方も、こんなことで悩んでいました。

「ひとりでいると周囲から変な目で見られるから、好きでもないグループとランチしたり、休日まで女子会で集まったりしていますが、正直なところ苦痛です。でも、輪から外れるのが怖くて、がんばって参加しているんです」

「おひとりさま」という言葉は市民権を得ましたが、まだまだひとりで何かするということに抵抗を感じる女性も多いですよね。


では、そもそも職場の人間関係とは、どのようなものがベストなのでしょう？

会社は、学校やサークルではなく、仕事をする場所です。そこでは、成果を求められます。成果を出すためにベストな人間関係とは、どのようなものでしょう。

好きでもない人と、我慢していつも一緒にいること？　周囲の目が心配だから、気を遣ってだれかと一緒にいること？　どうやら違いそうですよね。そんなに気を遣っていたら、ストレスになって逆に仕事の効率が下がってしまいそうです。

会社で友人をつくる必要はありません。友達になれることもありますが、それはラッキーなことだと思っておきましょう。職場でのベストな人間関係は、仕事がもっともスムーズに進む関係です。だから、あまりに関係が悪いと困ります。でも、必要以上に仲良くしたり、我慢して友人づき合いする必要もありません。ある程度割り切った関係でいいのです

自分と合わない人は、どこにでもいます。キャリアカウンセリングでも、「人間関係がイヤで、会社を辞めたい」と相談に来られる方が多いのですが、転職しても、また新しい「敵」が出現しますから、キリがありません。

みんなと仲良くしようという考えそのものを思い切って捨ててしまいましょう。

というわけで、仲良くしすぎる必要はありませんが、苦手な人と仕事をすることになったらどうしましょう?

嫌いだった人が、あるときを境に「好き」または「嫌いじゃない」人になることが

あります。それは、共同作業がうまく行ったときです。一緒に困難を乗り切ったり、共通の手ごわい敵と戦うと、いつのまにか戦友になっていることもあります。

なんとか好きになろう、と無理をしなくても、お互いの関係にメリットが感じられたり、協力して成果が出せたりしたら、そこから急によい関係になることが可能なのです。

そのためには、どんなに苦手でも態度に出さないように日頃から気をつけておきましょう。いざというとき、協力してもらえなくては仕事ができません。

会社はあくまでも仕事をする場所ですから、人間関係は仕事をスムーズに進め、成果を出すための手段だと思っておきましょう。

POINT

職場でベストな人間関係とは、
仕事がスムーズにできる関係。
みんなと仲良くなろうという考えを捨てましょう。

おわりに

私の20代は、人生について漫然と、そして猛然と悩んでいた時期でした。

「やりがいって何？　私は何がしたいの？　自分らしさって？」

周囲と比べて、自分が全然イキイキしていないように感じられて不安になったり、「だったら何がしたいの？」と聞かれても「そこがわからない」と悩んだり、かと言って新しいことに挑戦するのは怖くて躊躇したり……。

いま考えると、自分のことでいっぱいいっぱい。会社の上司や友人など、まわりの人たちにもたくさんの迷惑をかけたと思います。

そして、「いまのままじゃいけない！」と焦り、新卒入社から3年半で会社を辞めてしまいました。まだまだそこでできることはあったはずなのに、「時間がもったいない」と気持ちばかりが焦っていた記憶があります。

辞めたあと、「さてどうしようか」と悩み、「とりあえず1年は自分探しの時間にしよう」と短期間の仕事でつなぐ、いわゆるフリーター生活を送りました。

この期間は、いま振り返ると、私にとって大事な時間でした。「もっとちゃんと仕事がしたい」。そんな気持ちが芽生えたのです。

そして、人材ビジネスを手がけるベンチャー企業に入社し、8年間、転職希望者と企業の間に入るコンサルタントの仕事をしました。

私は女性の転職希望者を対象としたチームを任せてもらっていたのですが、その時から、「女性が働き続けるとは」を日々考えるようになりました。

転職希望者はまさに人生の大事な岐路に立っています。彼女たちの相談に乗っていて、「自分で決める」ってなんて難しいんだろうと実感しました。そのときから、中立的なアドバイザーの存在意義の大きさと大切さ、やりがいを感じるようになりました。

そこで、私は退職し、いまの会社を始めました。転職の枠にとらわれず、自分らしく活躍するために何を選んだらいいのかを一緒に考えるキャリアカウンセリングをするためです。

相談に来てくださるみなさんは、さんざん自分でも悩み、友人や家族にも相談し、それでも、しっくりくる答えが見つからない……。そんな状態の方がほとんどです。

カウンセリングルームで、1時間ほど、一緒になって悩みを聞き、その方にとってどうしたら幸せなのかを深く考えます。答えがわかったときの女性の顔は晴れ晴れとし、1時間前とはまったくの別人です。そう、何かを決心した顔です。

人生を幸せにする行動。それは自分で決め、自分で一歩を踏み出すことです。でも、決めるには、正しい情報が必要です。

道に迷ったら力になれる、そんな存在であり続けたい……。私は、これからも多くの女性のキャリア相談に乗っていきたいと思っています。

このような仕事ができているのも、私自身が20代、30代と答えが見つからなくて、普通の女性として普通に悩んだ経験が生きているのだと思います。

最後になりましたが、この本を手に取ってくださったあなたの人生が幸せなものであるように心からお祈りいたします。

そして、編集を担当してくださったディスカヴァー・トゥエンティワン編集部の大竹朝子さんに、この本を書く機会をいただけましたことを改めて感謝申し上げます。

株式会社キャリエーラ代表　藤井佐和子

２０１９年春

どんな職場でも求められる人になるために いますぐはじめる47のこと

発行日　2019年　3月30日　第1刷

Author　藤井佐和子
Illustrator　有田カホ
Book Designer　chichols

Publication　株式会社ディスカヴァー・トゥエンティワン
〒102-0093　東京都千代田区平河町2-16-1 平河町森タワー 11F
TEL 03-3237-8321（代表）　03-3237-8345（営業）
FAX 03-3237-8323　http://www.d21.co.jp

Publisher　干場弓子
Editor　大竹朝子+木下智尋

Marketing Group
Staff　清水達也　井筒浩　千葉潤子　飯田智樹　佐藤昌幸　谷口奈緒美　古矢薫　蛯原昇　安永智洋　鍋田匠伴　榊原僚　佐竹祐哉　廣内悠理　梅本翔太　田中姫菜　橋本莉奈　川島理　庄司知世　谷中卓　小木曽礼丈　越野志絵良　佐々木玲奈　高橋雛乃

Productive Group
Staff　藤田浩芳　千葉正幸　原典宏　林秀樹　三谷祐一　大山聡子　堀部直人　林拓馬　松石悠　渡辺基志

Digital Group
Staff　伊藤光太郎　西川なつか　伊東佑真　牧野類　倉田華　高良彰子　佐藤淳基　岡本典子　三輪真也　榎本貴子

Global & Public Relations Group
Staff　郭迪　田中亜紀　杉田彰子　奥田千晶　連苑如　施華琴

Operations & Management & Accounting Group
Staff　松原史与志　中澤泰宏　小田孝文　小関勝則　山中麻吏　小田木もも　池田望　福永友紀

Assistant Staff　俵敬子　町田加奈子　丸山香織　井澤徳子　藤井多穂子　藤井かおり　葛目美枝子　伊藤香　鈴木洋子　石橋佐知子　伊藤由美　畑野衣見　井上竜之介　斎藤悠人　宮崎陽子　並木楓　三角真穂

Proofreader　大塚玲子
DTP　株式会社 RUHIA
Printing　株式会社厚徳社

ISBN978-4-7993-2444-8